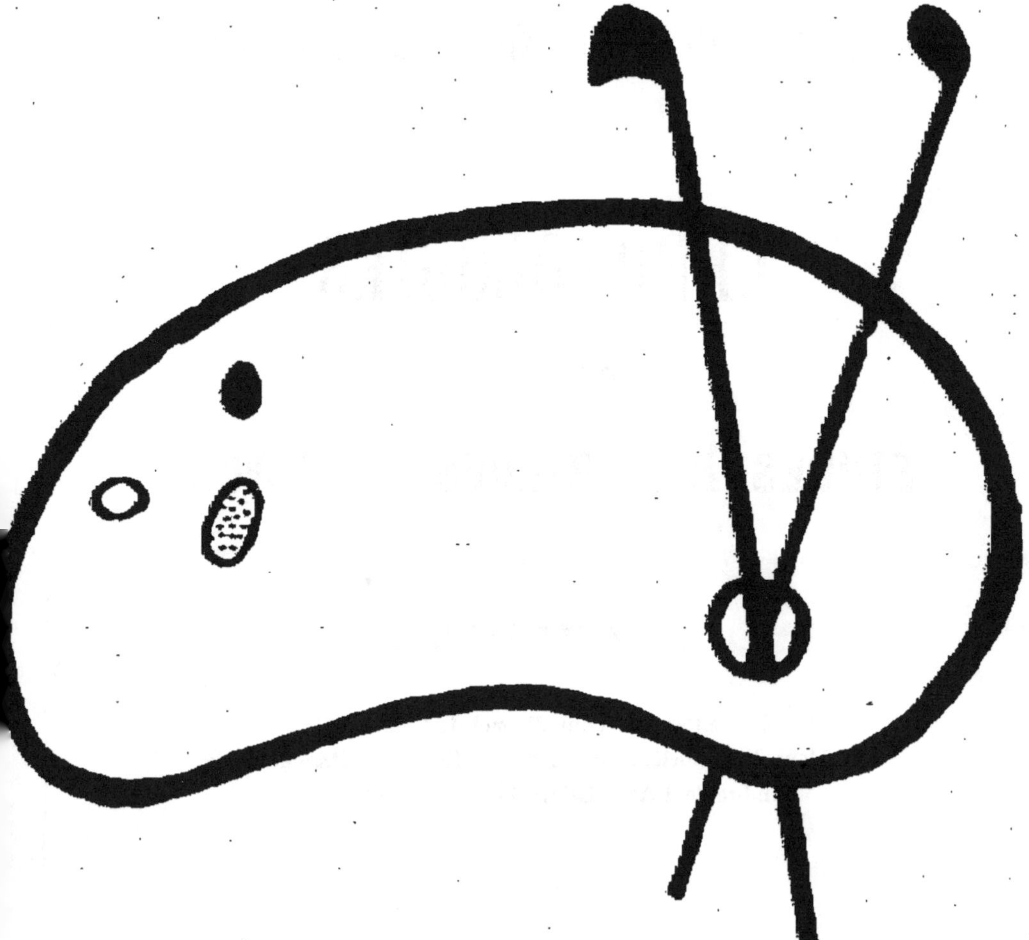

MÉMOIRES ET DOCUMENTS

PUBLIÉS PAR LA

SOCIÉTÉ SAVOISIENNE D'HISTOIRE & D'ARCHÉOLOGIE

CHRONOLOGIES

POUR LES

ÉTUDES HISTORIQUES EN SAVOIE

PAR

F. MUGNIER

Conseiller à la Cour d'appel de Chambéry,
Président de la Société savoisienne d'Histoire et d'Archéologie,
Membre de l'Association florimontane d'Annecy.

CHAMBÉRY

IMPRIMERIE MÉNARD, RUE JUIVERIE, HÔTEL D'ALLINGES

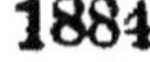

1884

DU MÊME AUTEUR

Rapport sur les travaux de la Société savoisienne d'histoire et d'archéologie (1855-1882).

Une année de la vie municipale de Rumilly (1689-1690).

L'abbaye de Tamie en 1707. Élection de l'abbé de Jougia.

Trousseaux de mariées en Savoie (XVIe et XVIIe siècles).

Le prieuré de Peillonnex.

Le mariage d'Alphonse de Lamartine. Chambery. Aix-les-Bains, 1820.

Une charte inédite d'Amédée IV de Savoie.

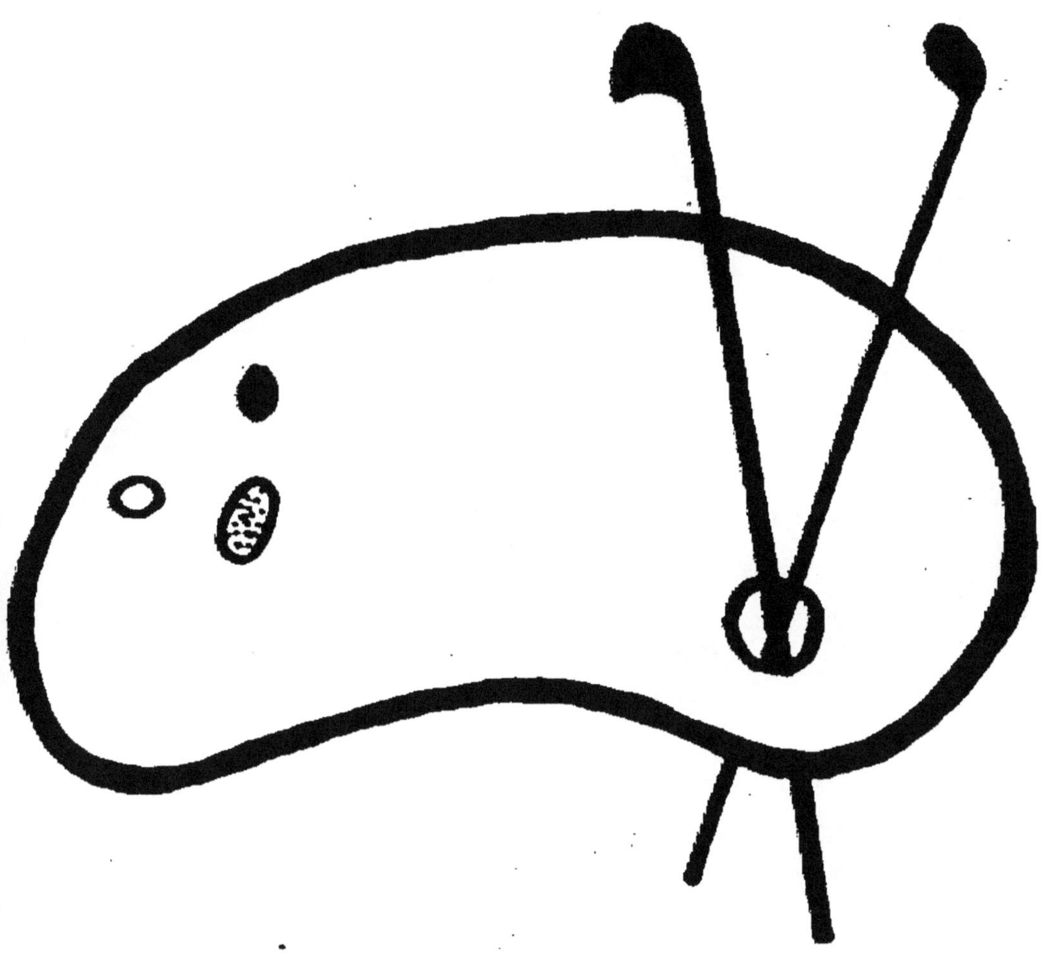

FIN D'UNE SERIE DE DOCUMENTS
EN COULEUR

1818

CHRONOLOGIES

POUR LES ÉTUDES HISTORIQUES

EN SAVOIE

PAR F. MUGNIER

MÉMOIRES ET DOCUMENTS

PUBLIÉS PAR LA

SOCIÉTÉ SAVOISIENNE D'HISTOIRE & D'ARCHÉOLOGIE

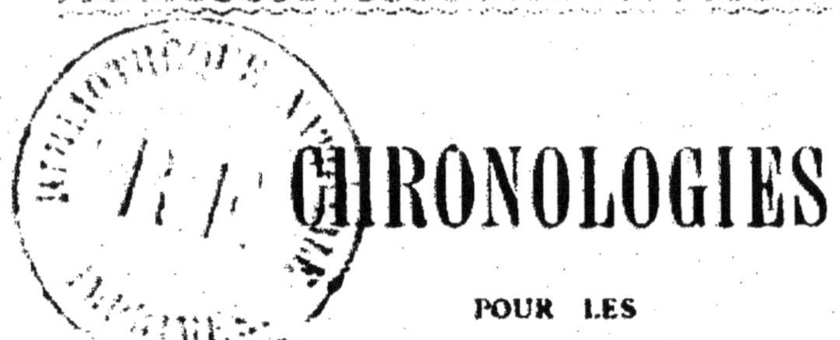

CHRONOLOGIES

POUR LES

ÉTUDES HISTORIQUES EN SAVOIE

PAR

F. MUGNIER

Conseiller à la Cour d'appel de Chambéry,
Président de la Société savoisienne d'Histoire et d'Archéologie,
Membre de l'Association florimontane d'Annecy.

CHAMBÉRY

IMPRIMERIE MÉNARD, RUE JUIVERIE, HÔTEL D'ALLINGES.

1884

INDICATIONS DES DATES

Les *indictions* sont une révolution de quinze années qu'on recommence toujours par l'unité, lorsque le nombre quinze est fini. Elles commencent tantôt au 24 septembre, tantôt au 25 décembre ou au 1er janvier ; quelquefois en octobre, enfin au 25 mars. L'indiction habituelle de nos pays était l'indiction pontificale commençant à Noël ou au 1er janvier. Dans les titres, les indictions sont souvent fausses.

Calendes, nones, ides. Les calendes sont le premier jour de chaque mois ; les jours suivants sont les jours d'avant les nones : les nones sont le cinquième jour de chaque mois, excepté mars, mai, juillet et octobre. Dans ces quatre mois les nones sont le septième jour. Les ides sont le quinzième jour des mois de mars, mai, juillet et octobre, et le treizième dans les huit autres mois.

Les mots *ante* et *die* sont ordinairement supprimés ; on dit « tertia calendas », au lieu de « tertia die ante calendas ».

Tous les jours après les ides se comptent par les calendes du mois suivant. Ainsi, le 14 de janvier était désigné par « XIX calendas februarii », et ainsi de suite, XVIII jusqu'à II ou « pridie calendas februarii » ; le 2 février était le 4 des nones : « idibus » était le 13 février et le 15 mars.

En France, l'année commençait assez généralement à Pâques ; en Bourgogne, le 25 mars, jour de l'Annonciation ; en Allemagne, dans la Suisse allemande, en Savoie, à Noël *(anno à nativitate Domini)* ; dans le diocèse de Lausanne, le 25 mars ; à Genève, à Pâques jusqu'au commencement du XIVe siècle ; dans le vieux Chablais, à Pâques.

Ces différences produisent des résultats fort bizarres.

Par exemple, l'année 1133 commença à Pâques, le 26 mars ; elle finit le samedi 14 avril 1134, ayant ainsi duré 1 an et 20 jours.

Suivant ce mode de compter, on était encore en 1133 le 13 avril, alors que près de 4 mois de l'année 1134 étaient écoulés pour ceux qui avaient commence l'année à Noël.

SOURCES

Les Chronologies qui suivent sont tirées de l'*Art de vérifier les dates*, de *Gallia Christiana*, de Besson, Guichenon, etc., etc.

Les dates indiquées dans ces ouvrages ont été rectifiées parfois à l'aide des indications fournies par des publications spéciales et récentes, telles que le *Régeste genevois* et les Mémoires des sociétés savantes de la Savoie, de Genève, de Lausanne, etc.

Souvent diverses dates sont attribuées à un même événement ; l'on a alors adopté celle qui avait été choisie par les auteurs qui s'étaient occupés plus spécialement du fait auquel elle se rapporte. C'est ainsi, par exemple, que la mort de Pierre II de Savoie a été fixée au 16 ou au 17 mai 1268, suivant l'opinion admise par Wurstemberger.

Chronologie des Papes [1].

IXe SIÈCLE

795 Léon III, prêtre romain, élu le 26 décembre 795, mort le 11 juin 816.

816 Etienne IV, diacre de l'Eglise romaine, ordonné le 22 juin 816, mort le 24 janvier 817.

817 Pascal I (romain), ordonné le 25 janvier 817, mort le 11 mai 824.

824 Eugène II (romain), ordonné le 8 juin 824, mort en août 827 ; Zizime, antipape.

827 Valentin (romain), intronisé en août 827, mort en octobre 827.

827 Grégoire IV, prêtre de l'Eglise romaine, intronisé au commencement de 828, mort en janvier 844.

844 Sergius II, prêtre de l'Eglise romaine, intronisé le 27 janvier ou le 10 février 844, mort le 27 janvier 847.

(1) Tirée de l'*Art de vérifier les dates*.

847 Léon IV, élu immédiatement après la mort de Sergius, ordonné le 11 avril 847, mort le 17 juillet 855.

855 Benoît III, ordonné le 29 septembre 855, mort le 8 avril 858.

858 Nicolas I, intronisé le 24 avril 858, mort le 13 novembre 867.

867 Adrien II, consacré le 14 décembre 867, mort en novembre 872.

872 Jean VIII, ordonné le 14 décembre 872, mort assommé le 15 décembre 882.

882 Marin, ordonné à la fin de décembre 882, mort en mai 884.

884 Adrien III, ordonné à la fin de mai 884, mort en septembre 885.

885 Etienne V, consacré à la fin de septembre 885, mort le 7 août 891.

891 Formose, intronisé le 19 septembre 891, mort vers le 15 avril 896.

896 Boniface VI, élu et mort en avril 896.

896 Etienne VI, consacré avant le 20 août 896; c'est lui qui fit décapiter le cadavre de Formose; il mourut lui-même étranglé en 897.

897 Romain, élu avant le 10 août 897, mort vers la fin de novembre 897.

898 Théodore, élu et mort en juin 898.

898 Jean IX, bénédictin, ordonné en juillet 898, mort le 30 novembre 900.

900 Benoit IV, élu en décembre 900, mort en octobre 903.

903 Léon V, ordonné le 28 octobre 903, chassé en novembre 903 par Christophe, et mort en prison le 6 décembre suivant.

903 Christophe, novembre 903, chassé en juin 904 par Sergius III, qui le fit emprisonner.

904 Sergius III, ordonné en 905, mort en août 911.

911 Anastase III, ordonné en août 911, mort en octobre 913.

913 Landon, élu en octobre 913, mort le 26 avril 914.

914 Jean X, de Ravenne, intronisé à la fin d'avril 914, étranglé à la fin de mai 928.

928 Léon VI, juin 928, mort le 3 février 929.

929 Etienne VII, 10 février 929, mort le 12 mars 931.

931 Jean XI, ordonné le 20 mars 931, emprisonné par son frère utérin en 932, mort en janvier 936 ou peut-être en 933 ; dans ce cas, il y aurait eu une vacance de 3 ans.

936 Léon VII, ordonné pape avant le 9 janvier 936, mort avant le 18 juillet 939.

939 Etienne VIII (allemand), juillet 939, mort en novembre 942.

942 Marin ou Martin II, novembre 942, mort le 25 janvier 946.

946 Agapit II, 8 mars 946, mort à la fin de 955.

956 Jean XII s'empara du Saint-Siège à l'âge de 18 ans, fut ordonné en janvier 956. Il se nommait Octavien. Ce fut le premier pape qui changea de nom. Déposé en novembre 963, mort le 14 mai 964.

963 Léon VIII, élu le 23 novembre 963, mort le 17 mars 965.

Benoit V, antipape, élu en mai 964, mort le 5 juillet 965.

965 Jean XIII, intronisé le 1er octobre 965, mort le 6 septembre 972.

972 Benoit VI, ordonné vers la fin de 972, étranglé en 974.

Boniface VII, antipape durant un mois en 974.

974 Donus II, pape après l'expulsion de Boniface VII, mort avant Noël 974.

974 ou 975 Benoit VII, intronisé en mars 975, mort le 10 juillet 983.

983 Jean XIV, novembre 983, chassé en mars 984 par l'antipape Boniface VII, mort en prison le 10 août 984. Boniface VII mourut en mars 985.

985 Jean XV, mort en juillet 985, peut-être avant d'avoir été ordonné.

986 Jean XVI, juillet 985, mort en 996.

996 Grégoire V (allemand), élu le 3 mai 996, mort le 4 février 999.

Philagathe, antipape sous le nom de Jean XVII, de mai 997 à février 998.

XIe SIÈCLE

999 Sylvestre II, Gerbert (français), intronisé le 2 avril 999, mort vers le 11 mai 1003.

1003 Jean XVII, 11 juin 1003, mort en octobre ou décembre 1003.

1003 Jean XVIII, ordonné le 26 décembre 1003, abdiqua en mai 1009.

1009 Sergius IV, élu vers juillet 1009, mourut avant le 6 juillet 1012.

1012 Benoit VIII, juillet 1012, mort vers la fin de juillet 1024.

1024 Jean XIX, frère du précédent, vers août 1024, mort à la fin de mai 1033.

1033 Benoit IX, neveu des précédents, élu en 1033, abdiqua pour la seconde fois en juillet 1048. Ce pape est le dernier qui ait indiqué l'année de l'Empereur dans la date de ses bulles.

Antipape Sylvestre III, 3 mois en 1044.

Antipape Grégoire VI, vers 1045, abdiqua vers la Noël de 1046.

Antipape Clément II, intronisé le 25 décembre 1046, mort le 9 octobre 1047.

1048 Damase II, intronisé le 17 juillet 1048, mort le 8 août 1048.

1048 Léon IX, élu vers la fin de 1048 à Worms, mort le 19 avril 1054.

1055 Victor II, élu en mars 1055 (vacance d'un an), mort le 28 juillet 1057.

1057 Etienne IX, 2 août 1057, mort le 29 mars 1058.

Antipape : Benoit X, 30 mars 1058 au 18 janvier 1059.

1058 Nicolas II, Gérard (bourguignon), élu le 28 décembre 1058, mort le 22 juillet 1061.

1061 Alexandre II, couronné pape le 30 septembre 1061, mort le 21 avril 1073.

Antipape Honorius II, 28 octobre 1061 à octobre 1062, et moine plus tard.

1073 Grégoire VII, Hildebrand (toscan), élu le 22 avril 1073, mort le 25 mai 1085. Il commençait l'année au 25 mars.

Antipape Clément III, 23 juin 1080, mort en septembre 1100.

1086 Victor III, Didier, abbé du Mont-Cassin, élu le 24 avril 1086, mort le 16 septembre 1087.

1088 Urbain II, élu le 12 mars 1088, mort le 29 juillet 1099. Il suit divers calculs dans ses bulles.

1099 Pascal II, élu le 18 août 1099, mort vers le 20 janvier 1118.

Antipapes : Guibert, 1099 ; 1100, Albert et Théoderic ; 1106, Maginulfe, soit Sylvestre IV, chassé immédiatement de Rome.

1118 Gélase II, bénédictin, élu le 25 janvier 1118, mort le 29 janvier 1119.

Antipape Grégoire VIII, 9 mars 1118 au 25 avril 1121.

1119 Callixte II, 1er février 1119, mort le 13 décembre 1124 ; 1120, Bourdin, antipape.

1124 Honorius II, pape le 21 décembre 1124, mort le 14 février 1130.

1130 Innocent II, pape le 15 février 1130, mort le 24 septembre 1143 ;

Antipape Anaclet, élu quelques heures après Innocent, mort le 25 janvier 1138.

Antipape Victor, 15 mars 1138 ; il abdiqua presque immédiatement.

1143 Célestin II, élu le 26 septembre 1143, mort le 9 mars 1144.

1144 Lucius II, élu le 12 mars 1144, tué d'un coup de pierre le 25 février 1145.

1145 Eugène III, cistercien, élu le 27 février 1145, mort le 8 juillet 1153. Dans ses bulles, il commençait l'année tantôt au 1er janvier, tantôt au 25 mars.

1153 Anastase IV, élu le 9 juillet 1153, mort le 2 décembre 1154.

1154 Adrien IV, abbé de Saint-Ruf (anglais), élu le 3 décembre 1154, mort le 1er septembre 1159.

1159 Alexandre III, élu le 7 septembre 1159, mort le 30 août 1181 ;

Antipapes : Victor IV, élu le même jour, mort le 22 avril 1164.

Pascal III, 1164, mort le 20 septembre 1168.

Callixte III, 1168, abdiqua le 19 août 1177.

Innocent III, 1177, emprisonné par Alexandre III.

1181 Lucius III, élu le 1er septembre 1181, mort le 25 novembre 1185.

1185 Urbain III, élu à la fin de novembre 1185, mort le 19 octobre 1187.

1187 Grégoire VIII, élu le 20 octobre 1187, mort le 17 décembre suivant.

1187 Clément III, élu le 19 décembre 1187, mort le 27 mars 1191. Il ajouta dans ses bulles l'année de son pontificat aux indications du lieu et du jour ; cet usage fut suivi par presque tous ses successeurs.

1191 Célestin III, élu le 30 mars 1191, mort le 8 janvier 1198, âgé de 90 ans.

1198 Innocent III (Lothaire, des comtes de Segni), élu le 8 janvier 1198, mort le 17 juillet 1216.

1216 Honorius III (Cencio Savelli), élu le 18 juillet 1216, mort le 18 mars 1227.

1227 Grégoire IX (Ugolin, des comtes de Segni), élu le 19 mars 1227, mort le 21 août 1241, âgé de près de cent ans.

1241 Célestin IV Geofroi (milanais), élu à la fin d'octobre 1241, mort le 18 novembre suivant, peut-être empoisonné.

1243 Innocent IV (Sinibaldi de Fiesque, gênois), élu le 25 juin 1243, après une longue vacance du Saint-Siège. C'est lui qui donna le chapeau rouge aux cardinaux, il mourut le 7 décembre 1254.

1254 Alexandre IV (Reynald, des comtes de Segni), élu le 12 décembre 1254, mort le 25 mai 1261.

1261 Urbain IV (Jacques Pantaléon, champenois), élu le 29 août 1261, mort le 2 octobre 1264.

1265 Clément IV (Guy de Foulques, de Saint-Gilles, Languedoc, veuf), élu le 5 février 1265, mort le 29 novembre 1268.

1271 Grégoire X (Thibaud de Plaisance); après 3 ans de vacance du siège, élu le 1er septembre 1271, mort le 12 janvier 1276.

1276 Innocent V (Pierre de Tarentaise), élu le 21 février 1276, mort le 22 juin suivant.

1276 Adrien V (Ottoboni, gênois), élu le 11 juillet 1276, mort le 16 août suivant.

1276 Jean XXI (Pierre, portugais), élu le 13 septembre 1276, mort le 16 mai 1277.

1277 Nicolas III (Jean Gaëtan des Ursins), élu le 25 novembre 1277, mort le 22 août 1280.

1281 Martin IV (Simon de Brion, tourangeau), élu le 22 février 1281, mort le 28 mars 1285.

1285 Honorius IV (Jacques Savelli), élu le 2 avril 1285, mort le 3 avril 1287.

1288 Nicolas IV (Jérôme d'Ascoli), élu le 15 février 1288, mort le 4 avril 1292.

1294 Célestin V (Pierre de Mouton, italien), élu le 5 juillet 1294, abdiqua le 13 décembre suivant ; a institué l'ordre des Célestins.

1294 Boniface VIII (Benoit Cajetan, d'Anagni), élu le 24 décembre 1294 ; fait prisonnier à Anagni le 9 septembre 1303, par Guillaume de Nogaret ; mort le 11 octobre suivant. Il commençait l'année à Noël. Presque tous ses successeurs l'imitèrent en cela dans le XIVe siècle.

XIVe SIÈCLE

1303 Benoit XI (Nicolas Bocasin, de Trévise), élu le 22 octobre 1303, mort le 7 juillet 1304 ; empoisonné, suivant quelques historiens.

1305 Clément V (Bertrand de Got), élu le 5 juin 1305. En mars 1309, il fixa la résidence des papes à Avignon, mort le 20 avril 1314.

1316 Jean XXII (Jacques d'Euse, de Cahors), élu à Lyon le 7 août 1316, mort le 4 décembre 1334.

Antipape Nicolas V, élu le 12 mai 1328, abdique en 1330.

1334 Benoit II (Jacques Fournier, cistercien), élu le 20 décembre 1334, mort le 25 avril 1342.

1342 Clément VI (Pierre Roger, limousin), élu le 7 mai 1342, mort le 6 décembre 1352. Ce fut lui qui introduisit dans les bulles la formule : *Ad futuram rei memoriam.*

1352 Innocent IV (Etienne d'Albert, limousin), élu le 18 décembre 1352. Révoqua toutes les commendes et les concessions de prélatures, dignités et bénéfices séculiers ou réguliers ; mort le 12 septembre 1362.

1362 Urbain V (Guillaume Grimaud, du Gévaudan), élu le 28 septembre 1362. En 1367, il retourna à Rome; le 17 avril 1370, il repartit pour Avignon et mourut le 19 décembre.

1370 Grégoire XI (Pierre Roger, neveu d'Urbain V), élu le 30 décembre 1370, quitta à son tour Avignon pour aller résider à Rome, où il arriva en janvier 1377; mort le 27 mars 1378.

1378 Urbain VI (Barthélemi Prignano, napolitain), élu le 9 avril 1378, mort le 15 octobre 1389.

Antipape, ou plutôt autre pape, car il semblait aussi légitime qu'Urbain VI, Clément VII (Robert, des comtes de Genève, né à Annecy), élu le 21 septembre 1378, mort à Avignon (où il avait reporté le siège apostolique) le 26 septembre 1394.

1389 Boniface IX (Pierre Tomacelli), élu le 2 novembre 1389, mort le 10 octobre 1404.

XVe SIÈCLE

Antipape Benoit XIII (Pierre de Luna, espagnol), élu le 13 septembre 1394, comme successeur de Clément VII, mort en septembre 1424.

1404 Innocent VII (Cosmat de Meliorati), élu le 17 octobre 1404, mort le 6 novembre 1406.

1406 Grégoire XII (Ange Corrario, vénitien), élu le 30 novembre 1406, abdique le 4 juillet 1415.

1409 Alexandre V (Pierre de Candie), élu pape le 26 juin 1409, en remplacement de Benoît XIII et de Grégoire XII, mort le 3 mai 1410.

1410 Jean XXIII (Balthazar Cossa), élu le 17 mai 1410, déposé le 29 mai 1415, par le concile de Constance.

Antipape Clément VIII (Gilles de Mugnoz), élu en 1414, renonce au pontificat le 26 juillet 1417.

1417 Martin V (Othon Colonna), élu le 11 novembre 1417 par le concile de Constance, mort le 21 février 1431.

1431 Eugène IV (Gabriel Gondolmere, vénitien), élu le 3 mars 1431, mort le 23 février 1447.

Antipape Félix V (Amédée VIII, duc de Savoie), élu le 5 novembre 1429 par le concile de Bâle pour remplacer Eugène IV, abdique le 9 avril 1449.

1447 Nicolas V (Thomas de Sarzane), élu le 6 mars 1447, mort le 24 mars 1455.

1455 Callixte III (Alphonse Borgia), élu le 8 avril 1455, mort le 6 août 1458.

Nicolas V et Callixte III commençaient l'année au 25 mars.

1458 Pie II (Æneas Sylvius Piccolomini), élu le 17 août 1458, mort en juillet 1464. Dans ses bulles, il a commencé l'année à trois époques différentes.

1464 Paul II (Paul Barbo, vénitien), élu le 31 août 1464, mort le 28 juillet 1471.

1471 Sixte IV (François d'Albescola della Rovere), élu le 9 août 1471, mort le 13 août 1484.

1484 Innocent VIII (Jean-Baptiste Cibo), élu le 29 août 1484, mort le 25 juillet 1492.

1492 Alexandre VI (Rodrigue Borgia), élu le 11 mai 1492, mort le 18 août 1503.

XVIe SIÈCLE

1503 Pie III (François Piccolomini), élu le 22 septembre 1503, mort le 18 octobre suivant.

1503 Jules II (Julien de la Rovere), élu le 1er novembre 1503, mort le 21 février 1513.

1513 Léon X (Jean et non Julien de Médicis), élu le 11 mars 1513, mort le 1er décembre 1521, âgé de 44 ans.

1520-1521, bulles contre Luther.

1522 Adrien VI (Adrien Florent, hollandais), élu le 9 janvier 1522, mort le 24 septembre 1523.

1523 Clément VII (Jules de Médicis), élu le 19 novembre 1523, mort le 26 septembre 1534, année du schisme d'Angleterre.

1534 Paul III (Alexandre Farnèse), élu le 15 octobre 1534, mort le 30 novembre 1549.

1550 Jules III (Jean-Marie du Mont), élu le 8 février 1550, mort le 23 mars 1555.

1555 Marcel II (Marcel Cervin), élu le 9 août 1555, mort le 30 du même mois.

1555 Paul IV (Jean-Pierre Caraffa), élu le 23 mai 1555, mort le 18 août 1559.

1559 Pie IV (Jean-Ange de Médicis, d'une autre famille que celle de Florence), élu le 26 décembre 1559, mort le 9 décembre 1565.

1566 Pie V (Michel Ghisteri), élu le 15 janvier 1566, mort le 1er mai 1572.

1572 Grégoire XIII (Hugues Buoncompagni), élu le 13 mai 1572. Le 24 février 1582, il institua le calendrier grégorien ; il mourut le 10 avril 1585.

1585 Sixte V (Félix Peretti), élu le 24 avril 1585, mort le 27 avril 1590.

1590 Urbain VII (Jean-Baptiste Castagna), élu le 15 septembre 1590, mort le 27 du même mois.

1590 Grégoire XIV (Nicolas Sfondrate), élu le 5 décembre 1590, mort le 15 octobre 1591.

1591 Innocent IX (Jean-Antoine Facchinetti), élu le 25 octobre 1591, mort le 30 décembre suivant.

1592 Clément VIII (Hippolyte Aldobrandini), élu le 30 janvier 1592, mort le 5 mars 1605.

XVII° SIÈCLE

1605 Léon XI (Alexis-Octave de Médicis), élu le 1er avril 1605, mort le 27 du même mois.

1605 Paul V (Camille Borghèse), élu le 16 mai 1605, mort le 28 janvier 1621.

1621 Grégoire XV (Alexandre Ludovisio), élu le 9 février 1621, mort le 8 juillet 1623.

1623 Urbain VIII (Massée Barberini), élu le 6 août 1623, mort le 29 juillet 1644.

1644 Innocent X (Jean-Baptiste Pamphile), élu le 15 septembre 1644, mort le 7 janvier 1655.

1655 Alexandre VII (Fabio Chigi), élu le 7 avril 1655, mort le 22 mai 1667.

1667 Clément IX (Jules Rospigliosi), élu le 10 juin 1667, mort le 9 décembre 1669.

1670 Clément X (Jean-Baptiste-Emile Altieri), élu le 29 avril 1670, mort le 22 juillet 1676.

1676 Innocent XI (Benoit Odescalchi), élu le 21 septembre 1676, mort le 21 août 1689.

1689 Alexandre VIII (Pierre Ottoboni), élu le 6 octobre 1689, mort le 1 février 1691.

1691 Innocent XII (Antoine Pignatelli), élu le 12 juillet 1691, mort le 27 septembre 1700.

XVIIIe SIÈCLE

1700 Clément XI (Jean-François Albani), élu le 23 novembre 1700, mort le 19 mars 1721.

1721 Innocent XIII (Michel-Ange Conti), élu le 8 mai 1721, mort le 7 mars 1724.

1724 Benoît XIII (Pierre-François Orsini), élu le 29 mai 1724, mort le 21 février 1730.

1730. Clément XII (Laurent Corsini), élu le 12 juillet 1730, mort le 6 février 1740.

1740 Benoît XIV (Prosper Lambertini), élu le 17 août 1740, mort le 4 mai 1758.

1758 Clément XIII (Charles Rezzonico), élu le 6 juillet 1758, mort le 2 février 1769.

1769 Clément XIV (Laurent Ganganelli), élu le 19 mai 1769, mort le 22 septembre 1774.

1775 Pie VI (Jean-Ange Braschi), élu le 15 février 1775 ; mort à Valence (Drôme), le 29 août 1799.

Empereurs d'Occident, d'Allemagne, rois des Romains (1).

IXe SIÈCLE

800 Charlemagne, couronné à Rome en 800 ou 801, mort le 28 janvier 814.

813 Louis le Débonnaire, couronné par ordre de son père en août ou septembre 813, mort le 20 juin 840.

840 Lothaire I, associé à l'empire le 31 juillet 817, mort le 30 septembre 855.

855 Louis II, fils de Lothaire, en 849, 850, 855, mort le 13 août 875.

875 Charles le Chauve, 18 décembre 875, mort le 6 octobre 877.

880 Charles le Gros, 25 décembre 880, mort étranglé le 13 janvier 888.

888 Bérenger; 889, Gui; 887, Arnoul; 894, Lambert.

900 Louis III, 899; Louis IV de Germanie, mort en 911 ou 912.

(1) Chronologie tirée de l'*Art de vérifier les dates.*

Xᵉ SIÈCLE

922 Rodolphe, roi de la Bourgogne transjurane, roi d'Italie à la fin de 922, revint en 926 dans ses Etats de Bourgogne.

912 Conrad I, roi de Germanie, mort en décembre 918.

918 Henri I l'Oiseleur, roi de Germanie en 918, 919, mort le 2 juillet 936.

926 Hugues, roi de Provence, en 926 roi d'Italie, mort le 24 avril 947.

945 Lothaire, roi d'Italie, mort le 22 novembre 950.

936 Othon I le Grand, empereur en 936, mort le 7 mai 973.

950 Bérenger II et Adalbert, rois d'Italie.

973 Othon II le Roux, roi de Lorraine, roi de Germanie, roi d'Italie, empereur à la Noël de 967, succède à son père Othon I le 7 mai 973, mort le 7 décembre 983.

983 Othon III, couronné empereur en 996, mort le 23 janvier 1002.

XIᵉ SIÈCLE

1002 Henri II le Saint, le Boiteux, roi de Germanie le 6 juin 1002, roi de Lombardie le 14 mai 1004, couronné empereur le 24 février 1014, mort le 29 octobre 1015.

1024 Conrad II le Salique, roi de Germanie en 1024, roi d'Italie en 1026, couronné empereur le 26 mars 1027, mort le 4 juin 1039.

1039 Henri III le Noir, roi de Germanie en 1026, couronné empereur le 25 décembre 1046, mort le 5 octobre 1056.

1056 Henri IV, roi de Germanie en 1053, couronné empereur le 31 mars 1084, mort le 7 août 1106.

Anticésars : Rodolphe de Rheinfelden, Hermann de Luxembourg, et Conrad fils d'Henri IV.

XIIe SIÈCLE

1106 Henri V, roi de Germanie à la Noël de 1102 ; 1106, détrône son père, couronné empereur le 13 avril 1111, mort le 23 mai 1125.

1125 Lothaire II, roi de Germanie le 30 août 1125, roi des Romains en 1128, couronné empereur le 4 juin 1133, mort le 4 décembre 1137.

1137 Conrad III de Hohenstauffen, élu empereur à Coblentz, couronné le 13 mars 1138 à Aix-la-Chapelle, par le légat du Saint-Siège, mort le 15 février 1152.

1152 Frédéric I Barberousse, né en 1121,

élu empereur le 5 mars 1152, couronné le 18 juin 1155, mort le 10 juin 1190. Ce prince est le premier dont les chartes aient le sceau pendant.

1190 Henri VI, roi des Romains le 8 juin 1169, couronné empereur le 15 avril 1191, mort le 28 septembre 1197.

XIIIe SIÈCLE

1198 Frédéric II, roi des Romains en 1196, à l'âge de moins de 2 ans ; puis de nouveau en 1198 et en 1210, couronné empereur le 22 novembre 1220, mort le 13 décembre 1250.

Anticésar ou antiempereur : 1198, Philippe, oncle de Frédéric II, élu roi des Romains après Pâques 1198 et couronné à Mayence par l'archevêque de Tarentaise ; élu de nouveau en 1205, assassiné le 22 juin 1208. — Otton IV, élu roi des Romains à Cologne et couronné le jour de Pentecôte 1198 ; couronné empereur à Rome le 27 septembre ou le 4 octobre 1209, mort le 17 mai 1218. — 1247, Guillaume, comte de Hollande, élu roi des Romains, mort le 28 janvier 1256.

1250 Conrad IV, fils de Frédéric II, couronné roi des Romains en janvier 1237, mort en mai 1254, à l'âge de 26 ans.

Interrègne. 1257, élection de Richard de Cornouailles et d'Alphonse de Castille.

1273 Rodolphe de Habsbourg, dit le Clément, élu empereur le 30 septembre 1273, mort le 15 juillet 1291. Les diplômes des empereurs et des princes allemands commencent à être écrits en langue tudesque.

1292 Albert de Nassau, élu vers le 20 mai 1292, tué par son compétiteur Albert d'Autriche le 2 juillet 1298, dans un combat près de Spire.

1298 Albert I d'Autriche, élu empereur le 23 juin 1298, tué par son neveu le 1er mai 1308.

XIVe SIÈCLE

1308 Henri VII, de Luxembourg, élu roi des Romains en 1308, consacré empereur à Rome le 29 juin 1312, mort le 24 août 1313.

Interrègne de 14 mois.

1314 Louis V, de Bavière, élu le 20 octobre 1314, mort le 11 octobre 1347. — Frédéric III, d'Autriche, élu peu après Louis V; vaincu par celui-ci, abdique le 28 septembre 1322.

1347 Charles IV, élu roi des Romains à la fin de juillet 1346, couronné empereur à Rome le 5 avril 1355, mort le 29 novembre 1378.

1378 Wenceslas, élu roi des Romains le 12 janvier 1376, empereur à la mort de son frère ; déposé en 1400, mort le 16 août 1419, en Bohême, où il avait continué de régner.

XVe SIÈCLE

1400 Robert, élu empereur le 24 août 1400, mort le 18 mai 1410.

1410 Sigismond, élu empereur le 20 septembre 1410, mort le 9 décembre 1437.

1438 Albert II, empereur le 30 mai 1438, mort le 27 octobre 1439.

1440 Frédéric III, élu empereur le 2 février 1440, mort le 19 août 1493.

XVIe SIÈCLE

1493 Maximilien I, roi des Romains le 16 février 1486, empereur au décès de son père ; mort le 12 janvier 1519.

1519 Charles V dit Charles-Quint, élu empereur le 28 juin 1519, abdique le 6 février 1556 en faveur de son frère Ferdinand.

1556 Ferdinand I, reconnu empereur par les Electeurs le 24 février 1556, à la Diète d'Augsbourg, mort le 25 juillet 1564.

1564 Maximilien II succède immédiatement à son frère, mort le 12 octobre 1576.

1576 Rodolphe II succède aussi immédiatement à son père, mort le 20 janvier 1612.

XVIIe SIÈCLE

1612 Mathias, frère du précédent, élu empereur le 13 juin 1612, mort le 20 mars 1619.

1619 Ferdinand II, élu empereur le 28 août 1619, mort le 15 février 1637.

1637 Ferdinand III succède à son père; mort le 2 avril 1657.

1658 Léopold I, élu le 18 juillet 1658, succède à son père ; mort le 6 mai 1705.

XVIIIe SIÈCLE

1705 Joseph I succède à son père; mort le 17 avril 1711.

1711 Charles VI succède à son frère Joseph I, élu empereur le 12 octobre 1711, conclut la paix d'Utrecht le 11 avril 1713, mort le 20 octobre 1740.

1742 Charles VII, élu empereur le 24 janvier 1742, mort le 10 janvier 1745.

1745 François de Lorraine, marié le 12 février 1736 à Marie-Thérèse fille de Charles VI, élu empereur le 13 septembre 1745, mort le 18 août 1765.

1765 Joseph II, empereur à la mort de son père François de Lorraine, mort le 20 février 1790.

1790 Léopold II.

Rois de France.

IXe SIÈCLE

772 Charlemagne ; seul après le décès de Carloman, mort le 28 janvier 814.
814 Louis le Débonnaire, mort le 20 juin 840.
840 Charles le Chauve, mort le 6 octobre 877, près de Modane.
877 Louis II le Bègue, mort le 10 avril 879.
879 Louis III et Carloman ; 880, Louis, roi de Neustrie et d'une partie de l'Austrasie, mort le 4 août 882 ; 880, Carloman, roi d'Aquitaine, etc., mort le 6 décembre 884.
884 Charles II le Gros, déposé le 11 novembre 887.
887 Eudes ou Odon, mort le 3 janvier 898.
898 Charles III le Simple, mort le 7 octobre 929, après un emprisonnement de plusieurs années.

Xe SIÈCLE

922 Robert, tué par Charles le Simple dans un combat.

923 Raoul ou Rodolphe, duc de Bourgogne, élu roi et couronné le 13 juillet 923, mort le 15 janvier 936.

936 Louis IV, d'Outre-mer, 19 juin 936, mort le 10 septembre 954.

954 Lothaire, mort le 2 mars 986 (empoisonné, a-t-on dit).

986 Louis V le Fainéant, mort le 11 mai 987 (empoisonné aussi).

987 Hugues Capet, sacré le 3 juillet 987, mort le 24 octobre 996.

XIe SIÈCLE

996 Robert, mort le 20 juillet 1031.

1031 Henri I, mort le 29 août 1060.

1060 Philippe I, mort le 3 août 1108.

XIIe SIÈCLE

1108 Louis VI le Gros, mort le 1er août 1137.

1137 Louis VII le Jeune, mort le 18 septembre 1180.

1180 Philippe II Auguste, mort le 14 juillet 1223.

XIIIe SIÈCLE

1223 Louis VIII le Lion, mort le 8 novembre 1226.

1226 Louis IX, né le 25 avril 1215 ; mai 1274, épouse Marguerite de Provence, mort le 25 août 1270.

1270 Philippe III le Hardi, mort le 6 octobre 1285.

1285 Philippe IV le Bel, mort le 29 novembre 1314.

XIVe SIÈCLE

1314 Louis X le Hutin, mort le 5 juillet 1316.

1316 Jean I, fils posthume de Louis X, né le 15 novembre 1316, mort huit jours après.

1316 Philippe V le Long, couronné à Reims le 9 janvier 1317, mort le 3 janvier 1322.

1322 Charles IV le Bel, mort le 31 janvier 1328.

1328 Philippe VI de Valois, régent, puis roi en avril 1328, mort le 22 août 1350 ; 30 mars 1349, cession du Dauphiné à la couronne de France.

1350 Jean II, mort le 8 avril 1364.

1364 Charles V le Sage, lieutenant du royaume pendant la captivité de son père ; mort le 16 septembre 1380.

1380 Charles VI, mort le 22 octobre 1422.

XVe SIÈCLE

1422 Charles VII, mort le 22 juillet 1461.

1461 Louis XI épouse Charlotte de Savoie en mars 1451, mort le 30 août 1483.

1483 Charles VIII, mort le 7 avril 1498.

XVIe SIÈCLE

1498 Louis XII, mort le 1er janvier 1515.
1515 François I ; 15 juillet, régence de sa mère Louise de Savoie pendant la campagne du Milanais, etc. ; 24 février 1525, bataille de Pavie, mort le 31 mars 1547.
1547 Henri II ; 3 avril 1559, traité de Câteau-Cambrésis ; mort le 10 juillet 1559.
1559 François II, mort le 5 décembre 1560.
1560 Charles IX ; 23 et 24 août 1572, la Saint-Barthélemy ; mort le 30 mai 1574.
1574 Henri III, mort assassiné le 2 août 1589.
1589 Henri IV, mort assassiné le 14 mai 1610.

XVIIe SIÈCLE

1610 Louis XIII, mort le 14 mai 1643.
1643 Louis XIV ; 11 avril 1713, traité d'Utrecht ; mort le 1er septembre 1715.

XVIIIe SIÈCLE

1715 Louis XV, mort le 10 mai 1774.
1774 Louis XVI, guillotiné le 21 janvier 1793.

Rois d'Angleterre.

—

XIe SIÈCLE

1066 Guillaume le Conquérant.
1087 Guillaume II le Roux.

XIIe SIÈCLE

1100 Henri I, Beauclerc.
1135 Etienne.
1154 Henri II, Plantagenet.
1184 Richard Cœur de Lion.

XIIIe SIÈCLE

1198 Jean Sans Terre.
1216 Henri III épouse Eléonor de Provence.
1272 Edouard I.

XIVe SIÈCLE

1307 Edouard II abdique en 1327.
1327 Edouard III.
1377 Richard II.

XVe SIÈCLE

1399 Henri IV.
1413 Henri V.

1432 Henri VI.
1461 Edouard IV. Maison d'Yorck.
1483 Edouard V.
1483 Richard III.
1485 Henri VII.

XVIe SIÈCLE

1509 Henri VIII.
1547 Edouard VII.
1553 Jane Gray, décapitée le 12 février 1554.
1553 Marie Tudor.
1558 Elisabeth.

XVIIe SIÈCLE

1603 Jacques I.
1625 Charles I, décapité le 9 février 1649.
Interrègne.
1633 26 décembre, Cromwel, protecteur.
1658 Richard Cromwel, protecteur.
1660 Charles II.
1681 Jacques II, s'enfuit en France le 21 décembre 1688.
1689 Guillaume III d'Orange, et Marie, sa femme.

Rois de Provence.

IXe ET Xe SIÈCLES

855 et 856 Charles, fils de l'empereur Lothaire, mort en 863.
879 Boson, beau-frère de Charles le Chauve, mort le 11 janvier 887.
890 Louis l'Aveugle, mort à la fin de 923.
924 Hugues, mort le 24 avril 946 ; ne porta que les titres de duc et de marquis de Provence.

Rois de la Bourgogne transjurane.

IXe ET Xe SIÈCLES

888 Rodolphe I, mort le 25 octobre 911 ou 912.

911 ou 912 Rodolphe II, proclamé roi d'Italie vers la fin de 922, devient roi d'Arles en 930, mort en 937.

Rois d'Arles, soit des royaumes de Provence et de Bourgogne transjurane réunis.

Xe SIÈCLE

930 Le même Rodolphe II.

937 Conrad le Pacifique, règne 57 ans, mort en 993, âgé de 66 ans.

953 Rodolphe III, le Fainéant, mort le 6 septembre 1032.

Comtes et Dauphins de Viennois.

XIe SIÈCLE

1044 Guigues I, le Vieux, comte d'Albon; moine à Cluni en 1063.

1063 Guigues II, mort en 1080.

1083 Guigues III; on ignore la date de sa mort.

XIIe SIÈCLE

.... Guigues IV, surnommé Dauphin dans un acte de 1140, mort en 1149.

1149 Guigues V, premier comte de Viennois, mort en 1162.

1162 Béatrix et Hugues III; Béatrix morte en 1228, après avoir été mariée à Albéric Taillefer, à Hugues III, duc de Bourgogne, et enfin à Hugues de Coligni. Hugues III, mort en 1192.

XIIIe SIÈCLE

1228 André ou Guigues VI, mort le 5 mars 1237.

1237 Guigues VII; 3 décembre 1241, épouse Béatrix de Faucigny, fille de Pierre de Savoie; mort vers la fin de 1269.

1269 Jean, leur fils, mort le 24 septembre 1282, à Bonneville.

1281 Anne, sa sœur, et Humbert I, de la Tour du Pin : celui-ci meurt en avril 1307 ; Anne était morte après 1290.

XIVe SIÈCLE

1307 Jean II, mort le 4 mars 1319.

1317 Guigues VIII, mort le 28 juillet 1333.

1333 Humbert II, baron de Faucigny depuis 1328, succède à son frère ; le 16 juillet 1349, il abdique en faveur de Charles de France et se fait dominicain.

Comtes de Maurienne, de Savoie, ducs de Savoie, rois de Sicile, de Sardaigne (1).

X^e^ ET XIe SIÈCLES

Bérold de Saxe. Il a été gouverneur de quelques parties de la Savoie. Suivant Cibrario, il ne serait autre qu'Otton Guillaume comte et duc de la Haute-Bourgogne; il serait le père d'Humbert aux Blanches Mains et serait mort en 1027. Rien de moins certain (2).

1003, 1017, 1047. Humbert I Blanches Mains, mort vers 1048 et peut-être seulement après 1056.

Vers 1010. Manassès, comte en d'autres parties de la Savoie (3).

Vers 1048. Amédée I, mort vers 1057.

Vers 1057. Odon, frère du précédent, épouse Adélaïde de Suse, mort vers 1060.

Vers 1060. Pierre I, mort vers 1078.

(1) D'après Guichenon, Cibrario, etc.

(2) (3) Ménabréa : *De l'Origine des Fiefs dans les Alpes occidentales*... et autres auteurs.

1078 Amédée II, dit Adelao, épouse Jeanne de Genève, mort en 1080 ou 1082-1094.

1082 ou 1094. Humbert II, dit le Renforcé, épouse Gille de Bourgogne, mort en 1103 ou 1109.

XIIe SIÈCLE

1103 ou 1109. Amédée III épouse Mahaut d'Albon, mort à la deuxième croisade le 1er avril 1148 ou 1149, à Nicosie.

1149 Humbert III, dit le Saint, marié quatre fois, mort le 4 mars 1188 ou 1189.

1188 Thomas I épouse Béatrix de Genève, puis Marguerite de Faucigny ; quelques écrivains ont pensé qu'il s'agit d'une seule et même personne. — 1232, il achète le bourg de Chambéry ; meurt le 1er ou le 2 mars 1233.

1233 Amédée IV épouse Jeanne de Vienne, puis Cécile de Baux, mort le 13 juillet 1253. — Dans la nuit du 25 au 26 novembre 1248, éboulement du mont Granier et disparition de la ville de Saint-André.

1253 Boniface dit Roland, mort en 1263; tutelle de Thomas II, comte de Flandres.

1263 Pierre II, le Petit Charlemagne, fils de Thomas I, mort le 16 ou le 17 mai 1268 à Pierre-Châtel, avait épousé Agnès de Faucigny le 2 décembre 1241.

1268 Philippe I, frère du précédent, archevêque élu de Lyon, s'était démis de ses bénéfices ecclésiastiques et avait épousé Alix de Bourgogne, veuve du comte de Châlons ; mort à Rossillon, en Bugey, le 17 novembre 1285 ; le 17 août, suivant les nécrologes d'Abondance et de Saint-Maurice ; le 16 octobre, suivant le nécrologe d'Hautecombe.

1285 Amédée V, dit le Grand, fils de Thomas II. — 1288, achète le château de Chambéry ; épousa Sybille de Baugé, mort à Avignon le 15 octobre 1323.

XIVe SIÈCLE

1323 Edouard le Libéral, épousa Blanche de Bourgogne ; mort à Gentilly, près de Paris, le 4 novembre 1329.

1329 Aimon le Pacifique, épousa Yolande de Montferrat, mort à Montmélian le 23 juin 1343.

1343 Amédée VI, dit le Comte Vert, épousa Anne de Bourbon ; mort de la peste, en Italie, le 2 mars 1383.

1383 Amédée VII, le Comte Rouge, épousa Bonne de Berry, mort à Ripaille le 1er novembre 1391. — Avait été nommé vicaire de l'Empire par Charles IV, suivant patentes données à Chambéry le 4 des ides de mai 1365.

XVᵉ SIÈCLE

1391 Amédée VIII, le Pacifique, tutelle d'Anne de Bourbon, épousa Marie de Bourgogne. — 1416, érection de la Savoie en duché par l'empereur Sigismond, à Chambéry ; 7 novembre 1434, Amédée VIII proclame son fils Louis lieutenant-général des Etats ; il est élu pape en décembre 1439, abdique définitivement le pouvoir souverain en 1440, lors de son intronisation à la papauté ; abdique la papauté en 1449, meurt le 7 janvier 1451.

1434 et 1440. Louis, épouse Anne de Chypre (de Lusignan), meurt en 1465.

1465 Amédée IX, dit le Saint, épouse Yolande de France, sœur de Louis XI ; 1469, laisse l'administration à sa femme, meurt à Verceil la veille de Pâques 1472.

1472 Philibert I, tutelle d'Yolande de France, qui meurt le 29 août 1478 ; Philibert meurt à Lyon le 22 avril 1482, à l'âge de 17 ans.

1482 Charles I, frère du précédent, épouse Blanche de Montferrat, mort à Pignerol le 13 mars 1490, empoisonné par l'ordre du marquis de Saluces. (Ménabréa, *Chron. de Yolande de France*, page 27.)

1490 Charles II Jean-Amédée, âgé de 2 ans, tutelle de Blanche de Montferrat, mort le 16 avril 1596.

1496 Philippe Sans Terre, comte de Bresse, fils du duc Louis, marié à Marguerite de Bourbon, puis à Claudine de Bresse ; mort le 7 novembre 1497.

XVI° SIÈCLE

1497 Philibert II le Beau, fils du précédent, épouse sa cousine Yolande-Louise, puis à la fin de 1501 Marguerite d'Autriche, meurt le 10 septembre 1504.

1504 Charles III, frère du précédent, épouse Béatrix de Portugal, sœur de la femme de Charles-Quint. Louise de Savoie, mère de François I, était la sœur de Charles III ; celui-ci meurt à Verceil le 16 septembre 1553.

1553 Emmanuel-Philibert ; 3 avril 1559, traité de Saint-Quentin, restitution de la Savoie au duc, qui épouse Marguerite de Valois, sœur d'Henri II ; 30 octobre 1564, traité de Lausanne avec les Bernois, échange de la rive droite du lac Léman contre le Chablais ; 4 mai 1569, traité de Thonon avec les Valaisans, qui rendent le pays de Gavot et gardent le Bas-Valais. Emmanuel-Philibert meurt le 30 août 1580, à Turin.

1580 Charles-Emmanuel I épouse Catherine-Michel d'Autriche, fille de Philippe II ; 2 mars 1598, prise de Vervins ; 17 janvier 1601, traité de Lyon, cession de la Bresse et du Bugey à la France ; 25 décembre 1602, tentative d'escalade des murailles de Genève ; 21 juillet 1603, traité de Saint-Julien. Charles-Emmanuel meurt le 26 juillet 1630.

XVIIe SIÈCLE

1630 Victor-Amédée I épouse Christine de France, fille d'Henri IV, meurt le 7 octobre 1637.

1637 François-Hyacinthe, meurt le 4 octobre 1638, âgé de 6 ans.

1638 Charles-Emmanuel II, frère du précédent. Régence de Christine ou Chrétienne de France, 20 juin 1648, majorité du duc (14 ans), meurt le 12 juin 1675, ayant épousé Françoise de Valois, puis en 1667 Jeanne-Baptiste de Savoie-Nemours.

1675 Victor-Amédée II, tutelle de Marie-Jeanne Baptiste. Victor-Amédée épouse Marie-Anne d'Orléans.

XVIIIe SIÈCLE

1701 Occupation de la Savoie par Louis XIV ; 11 avril 1713, traité d'Utrecht, Victor-Amédée, roi de Sicile. Traité de Londres de 1718, Victor-Amédée, roi de Sardaigne ; 3 septembre 1730, il abdique ; meurt le 31 octobre 1732.

1730 Charles-Emmanuel II épouse Polixène-Christine de Hesse Reinfeld ; 1742 à 1748, occupation de la Savoie par les Espagnols ; 16 octobre 1748, paix d'Aix-la-Chapelle ; Charles-Emmanuel III meurt le 20 février 1773.

1773 Victor-Amédée II, marié à Ferdinande de Bourbon, mort le 15 janvier 1796.

Occupations de la Savoie par la France.

24 février 1536, occupation par François I, continuée par Henri II ; 3 avril 1559, traité de Câteau-Cambrésis ; commencement d'août 1559, remise effective de la Savoie à Emmanuel-Philibert par François II.

17 mai 1630 jusqu'à octobre 1631, occupation par Louis XIII ; août 1690 à septembre 1696, occupation par Louis XIV ; 17 novembre 1703, au traité d'Utrecht, 11 avril 1713, occupation par Louis XIV.

Réunions de la Savoie à la France.

22 septembre, 27 novembre 1792 à 1814 et 1815.

14 juin 1860.

Comtes de Genève ou de Genevois.

—

Grillet (1) donne une généalogie qui n'a pas été adoptée par les écrivains genevois. Il établit ainsi la chronologie de cette Maison : 880, Rathbert. 931, Albitius, son fils. 960, Conrard I. 1011, 1016, Aimon I. 1019, Robert I et Conrard ou Conrad II son fils. 1034-1045, Gérold I. 1060, Robert II, Gérold II, Aimon II, Amé I, Guillaume I, Humbert, Guillaume II, Rodolphe, Aimon III, Amé II, Guillaume III, Amé III, Amé IV, Pierre, Robert (antipape Clément VII), Oddo de Villars.

Selon les auteurs du *Régeste genevois*, la série des comtes genevois est la suivante :

FIN DU Xe SIÈCLE

Conrard ou Conrad.

(1) *Dict. hist.*, t. II, page 308 et s.

XIe SIÈCLE

Vers 1012, Robert et son fils Conrad. Vers 1034 Gérold I, mort après 1061.

Vers 1061, Conon. 1080, Aimon I, mort vers 1128.

XIIe SIÈCLE

Vers 1128, Amédée I, fils d'Aimon, mort le 26 juin 1178.

Juin 1178, Guillaume I, mort le 25 juillet 1195.

XIIIe SIÈCLE

1195 Humbert, mort avant le 10 mai 1225.

Vers 1219, Guillaume II, frère du précédent, comte avec lui et seul après lui, mort le 25 novembre 1252.

1253 Rodolphe, fils du précédent, mort le 29 mai 1265.

1265 Aimon I, mort le 18 novembre 1280.

1280 Amédée II, frère du précédent, mort le 22 mai 1308.

XIVe SIÈCLE

1308 Guillaume III, mort le 26 novembre 1320.

1320 Amédée III, mort le 18 janvier 1367.

1367 Aimon III, comte de mars à août 1367.

1367 Amédée IV, mort en 1369, après le 6 septembre.

1369 Janus, ou Jean, mort en 1370.

1370 Pierre, mort en mars 1394.

1394 Humbert de Thoire-Villars, mort en mars 1400.

1400 Odon, oncle du précédent, vend ses droits le 5 août 1401 à Amédée VIII, comte de Savoie (1).

(1) Voir dans la *Revue Savois.* 1879, p. 32, et 1877, p. 89, des travaux de M. Ducis, où quelques-unes des dates adoptées par les auteurs que nous avons suivis sont contestées.

Comtes de Genevois (de la Maison de Savoie) (1)

(1re Série).

Amédée VIII donna le titre de comte de Genevois à son fils Louis après 1422.

Louis étant devenu lieutenant-général du duché de Savoie en 1434, le titre de comte de Genevois fut attribué à son frère Philippe dit Monsieur, mort le 3 mars 1444.

Louis I donna le comté de Genevois à son second fils Louis II, puis le 26 février 1460 à son troisième fils Janus.

Le titre passa ensuite à Jacques-Louis, fils d'Amédée IX, époux de Louise, fille de Janus de Savoie.

(1) D'après M. Ducis, *Revue Savois.* 1877, p. 89.

Comtes et ducs de Genevois (Savoie-Nemours) (1)

(2me Série).

XVIe SIÈCLE

1514 Philippe de Savoie, évêque de Genève. En 1510, quitta l'état ecclésiastique et remit son évêché à Charles de Seyssel. Le 14 août 1514, il reçut de son frère le duc Charles, en apanage, le comté de de Genève et les baronnies de Faucigny et de Beaufort; fait duc de Nemours par François I, le 22 décembre 1528, marié à Charlotte d'Orléans, mort à Marseille en novembre 1533.

1533 Jacques de Savoie, né le 12 octobre 1531. 31 décembre 1564, érection du comté de Genevois en duché par Emmanuel-Philibert. Jacques épouse en 1566 Anne d'Este, veuve de François de Lorraine, duc de Guise ; mort le 15 ou le 18 juin 1585. Il avait un frère naturel appelé aussi Jacques de Savoie, qui fut prieur de Talloires, etc.

(1) D'après Guichenon. Voir Ducis, *Revue Sav.* 1877, p. 80.

1585 Charles-Emmanuel de Savoie, appelé prince de Genevois pendant la vie de son père, mort en juillet 1595.

XVIIe SIÈCLE

1595 Henri de Savoie, frère du précédent, marié à Anne de Lorraine, mort le 10 juillet 1632.

1632 Louis de Savoie, fils du précédent, mort le 16 septembre 1641.

1641 Charles-Amédée de Savoie, frère du précédent, marié à Elisabeth de Vendôme, tué en duel par le frère de celle-ci le 30 juillet 1652.

1652 Henri II de Savoie, frère du précédent, archevêque de Reims, quitta l'état ecclésiastique et épousa Marie d'Orléans, mort sans enfants le 14 janvier 1659.

Le Genevois et le Faucigny font retour au duc de Savoie.

Sires et barons de Faucigny.

XIe SIÈCLE

Entre 1002 et 1025, Emerard ; il y en a peut-être existé deux de ce nom. Louis, mort vers 1060.

1060 Guillaume I, mort vers 1125.

XIIe SIÈCLE

1125 Rodolphe I, mort vers 1136. 1137, Aimon I, mort avant 1168. Raimond et Rodolphe l'Allemand, ses frères.

1168 Rodolphe II, mort vers 1178.

1178 Henri, frère du précédent, a probablement quitté alors le chapitre de Genève, dont il était prévôt en 1168. (Comp. au *Régeste genevois* les nos 402 et 984 *bis*), mort vers 1197.

1197 Guilllaume II, mort vers la fin de septembre 1202.

XIIIe SIÈCLE

1202 Aimon II, mort vers septembre 1253.

1253 Agnès sa fille, femme de Pierre de Savoie ; Agnès morte le 11 août 1268, Pierre décédé en mai précédent.

1268 Béatrix, leur fille, avait épousé Guigues VII, dauphin de Viennois ; ont trois enfants : Jean, Anne et Catherine. Jean, dauphin, meurt le 24 septembre 1282. Béatrix meurt le 21 avril 1310.

XIVe SIÈCLE

1304 Hugues (petit-fils de Béatrix, fils d'Anne et du dauphin Humbert I), prend possession de la seigneurie de Faucigny, qu'il transmet à son neveu le 24 février 1321.

1321 Guigues VIII, dauphin, neveu du précédent, mort le 28 juillet ou le 2 août 1333.

Dès 1328, Humbert II, frère du précédent ; il cède ses Etats à la France le 30 mars 1349.

1349 Jean, dauphin de France ; devenu roi (Jean II), échangea avec le comte de Savoie, Amédée VI, la seigneurie de Faucigny contre d'autres terres. (Traité de Paris du 5 janvier 1355 (1).

(1) M. J. Dessaix : *la Savoie historique*, t. 1, page 217, adopte la date de 1354.

Sires de Gex.

XIIIe ET XIVe SIÈCLES

1188 à 1211 Amédée de Genève, fils d'Amédée I, de Genève.

1212 à 1224 Etienne. 1225 à 1247, Amédée II.

1247 N..., mineur sous la tutelle de Villelme de Grésy. 1251-1302, Lionete, dame de Gex. 3 juin 1277, Pierre de Joinville (avec sa mère), mort en mars 1288 ou 1289. Guillaume de Joinville (avec sa mère), de 1289 à 1302; seul, de novembre 1302 au 15 novembre 1324.

1324 Hugues de Joinville; 1344, Hugues de Genève, beau-frère du précédent, fait prisonnier le 12 novembre 1353 par Amédée VI, comte de Savoie. Gex incorporé à la Savoie par le traité de Paris du 5 janvier 1355, et à la France par le traité de Lyon du 17 janvier 1601.

Evêques de Genève et d'Annecy[1].

IXe SIÈCLE

800 Vualterius, Protasius. 816, Altadus ou Cataldus ou Apradus, mort en 849; Domitien II, Boson, Ansegisus. 881, Optand ou Aptandus ou Apradus. 888, Protadius.

Xe SIÈCLE

908, 912, Franco. 920, Anselme, Adémar de la Roche, Frédéric I, Bernard I, Aldagandus I, Aymon I.

XIe SIÈCLE

Vers 1000, Gérald. Vers 1017, Hugues II. ... Conrad. ... Aldagandus II. ... Bernard II. Vers 1030, Frédéric II, mort vers 1073.

1073 Borzadus, mort vers 1078. 1078, Gui de Faucigny, mort vers 1120.

(1) D'après Besson, Blavignac, Fleury, etc.

XIIe SIÈCLE

Vers 1120. Humbert de Grammont, mort le 31 octobre 1135.

1135 Ardutius de Faucigny, mort le 25 juillet 1185.

1185 Nantelin ou Nantelme, mort en février 1205.

XIIIe SIÈCLE

1206 Bernard Chabert, nommé en 1213 à l'archevêché d'Embrun, où il mourut en 1235.

1214 Pierre de Cessons ou Cessens, paraît avoir résigné l'épiscopat.

1215 Aymon II, de Grandson ; c'est contre lui que fut dirigée l'enquête dont parlent Besson et les anciens historiens genevois comme ayant été faite contre Pierre de Cessons ; mort en 1262, après avoir résigné ses fonctions en 1260.

Mai 1260. Frère Ulric ou Henri de Bottis, mort en septembre 1267 ; *Rég. gen.*, Besson avait dit qu'il s'était retiré à la chartreuse de Portes, où il serait mort en 1275.

1268 Frère Aymon III, de Menthonay, mort le 26 novembre 1275.

Vers la fin de 1275, Robert de Genève, mort le 14 janvier 1287. Siège vacant.

Vers novembre 1287, Guillaume I, de Duin, dit de Conflans, mort à la fin de 1294 ou le 2 mars 1295.

1295 Martin de Saint-Germain, mort le 1er décembre 1303.

XIVe SIÈCLE

1304 Fin de février, Aymon IV du Quart, mort à Ivrée le 12 octobre 1311.

1311 Pierre II de Faucigny, mort le 1er avril 1342.

1342 Alamand de Saint-Jeoire, mort le 31 janvier ou le 1er avril 1366.

1366 Mai, Guillaume II Fournier de Marcossay, mort en 1377.

1377 Pierre III, Fabri (d'après Besson).

1378 Bertrand de Cros, mort le 28 octobre 1378 (d'après Besson).

1377 ou 1378. Jean I, de Murol d'Estaing. Suivant Blavignac (*Mémoires de la Société d'histoire de Genève*), cet évêque aurait succédé immédiatement à Guillaume Fournier de Marcossay; mort en 1385, après avoir été créé cardinal par Clément VII (Robert de Genève).

1385 17 juillet, Adhémar Fabri, curé de Rumilly, confesseur de Clément VII, mort le 8 octobre 1388.

1388 12 octobre, Guillaume III de Lornay, créé évêque comme le précédent, par

Clément VII, dont il était le camérier. Mort le 31 octobre 1408. C'est le premier évêque de Genève qui ait pris le titre de prince.

XVe SIÈCLE

1408 14 décembre, Jean II des Bertrands; 23 septembre 1418, nommé à l'archevêché de Tarentaise.

1418 23 septembre, Jean III de Rochetaillée (soit de Pierre-Scize, du nom du lieu de sa naissance), évêque de Paris; 12 juin 1422, nommé de nouveau évêque de Paris, et archevêque de Rouen en 1423.

1422 Jean IV de Briève-Cuisse ou de Courte-Cuisse, évêque de Paris, nommé évêque de Genève le 12 juin 1422, mort le 4 mars 1423.

1423 3 décembre, Jean V de Brogny, le cardinal, mort le 16 février 1426.

1426 31 août, Hugues ou Guy d'Alby ou de Cluses, élu par le chapitre en 1423, puis réélu le 12 mars 1426, mort le 2 mai 1430.

1426 François I de Mez ou de Mées, nommé par bulles du 4 mars 1426. Par suite de discussions avec l'élu capitulaire, il ne prit possession du siège de Genève que le 23 juin 1428, mort le 7 mars 1444.

1444 Amédée VIII de Savoie *(le pape Félix V)*, à la mort de François de Mez, se déclara administrateur du diocèse de Genève; mort à Genève le 7 janvier 1451.

1450 19 juillet, Pierre III de Savoie, âgé de 8 ans, prête serment par procuration le 13 janvier 1451, mort le 31 octobre 1458. André, évêque d'Hébron, et Thomas de Sur, archevêque de Tarentaise, administraient l'évêché durant cet épiscopat.

1458 Vacance. Vicaires généraux : Antoine Piochet, Pierre Prêtre, soit Presbyteri.

1460 6 février, Jean-Louis de Savoie, âgé d'environ quinze ans, mort le 4 juillet 1482.

1482 Le chapitre nomme Urbain de Chevron abbé de Tamié; le duc de Savoie nomme son oncle François archevêque d'Auch, frère des deux précédents; le pape annule ces deux élections et nomme son neveu Dominique de la Rovere, qui cède sa nomination à Jean de Compeys, évêque de Turin.

1483 25 mai, prise de possession du siège par Jean VI de Compeys.

1484 Supplanté par François II de Savoie, celui que le duc de Savoie avait nommé en 1482, Jean de Compeys devient archevêque de Tarentaise.

François de Savoie prend possession du siège de Genève le 25 juillet 1484, meurt au commencement de 1490.

1490 Charles de Seyssel, élu par le chapitre, et Antoine Champion, évêque de Mondovi, choisi par le pape. Les deux prélats se disputent l'évêché les armes à la main. Le parti de Charles de Seyssel est vaincu à Chancy en 1491. Antoine Champion meurt le 29 juillet 1495.

1495 Philippe II de Savoie, âgé de 7 ans, mort à Marseille le 22 novembre 1533, après s'être démis de son évêché en 1510. L'administrateur du diocèse, sous Philippe, était Aymon de Montfalcon, évêque de Lausanne.

XVIe SIÈCLE

1510 Charles de Seyssel, celui qui avait déjà été élu une première fois en 1490, mort le 12 avril 1513.

1513 Aymon de Gingins, élu par le chapitre, mais évincé par Jean VII de Savoie, le 17 août 1513. Jean était le fils naturel de l'évêque François de Savoie ; il mourut en 1521 ou 1522.

1523 Pierre IV de la Baume-Montrevel, coadjuteur du précédent, sous le nom d'évêque de Tarse, prit possession de l'évêché de Genève le 12 avril 1523 ;

archevêque de Besançon en 1542, se démit en 1543 de l'évêché de Genève, en faveur de Louis de Rye, qui fut nommé coadjuteur perpétuel en juillet 1543. Pierre de la Baume mourut le 4 mai 1544.

Le 1er août 1535, le chapitre de Genève quitte cette ville et se retire à Annecy.

1544 7 mai. Le chapitre, réuni à Annecy, élit François de Luxembourg, vicomte de Martigue, veuf de Louise de Savoie; évincé par *Louis de Rye*, qui prit possession par procureur le 30 octobre 1546, et mourut le 25 août 1550.

1550 Philibert de Rye, déjà coadjuteur de son frère, mort en 1556.

1556 Jacques de Savoie-Nemours, nommé par le roi de France Henri II, qui possédait alors la Savoie, et *François II* de *Bachod* ou *Bachodi*, à la nomination duquel Henri II finit par consentir. François Bachod mourut le 1er juillet 1568.

1568, octobre, Ange Justiniani; échangea son évêché en 1579 avec Claude de Granier, abbé de Talloires.

1579 Claude de Granier, sacré évêque le 26 avril 1579, mort le 17 septembre 1602.

XVII° SIÈCLE

1599 Saint François IV de Sales, coadjuteur de Claude de Granier, sacré évêque de Genève le 8 décembre 1602, mort le 28 décembre 1622.

1621 Jean-François de Sales, coadjuteur de son frère, sous le titre d'évêque de Chalcédoine ; lui succéda immédiatement, mort le 5 juin 1635.

1639 D. Juste Guérin, barnabite, sacré le 29 juin 1639, mort le 3 novembre 1645.

1645 Charles-Auguste de Sales, coadjuteur du précédent, le 14 mai 1643, sous le nom d'évêque d'Ebron, lui succéda immédiatement, et mourut le 7 février 1660.

1660 Jean VIII d'Arenthon d'Alex, nommé le 20 mars 1660, sacré le 9 octobre 1661, mort le 17 juillet 1695.

Vacance jusqu'en novembre 1697.

XVIII° SIÈCLE

1697 Michel-Gabriel de Rossillon de Bernex, évêque d'Aoste, élu évêque de Genève le 25 novembre 1697, d'après Mr. Blavignac ; sacré évêque de Genève le 6 octobre 1697, suivant Besson ; mort le 23 avril 1734.

1734 à 1741 Vacance. Joseph-Nicolas Deschamps de Chaumont, sacré évêque de Genève le 23 mai 1741, mort le 2 novembre 1763.

1764, 12 août. Jean-Pierre Biord, sacré le 12 août 1764, mort le 11 mars 1785.

1785 Joseph-Marie Paget, sacré le 27 mai 1785, démissionnaire le 4 février 1802, mort le 23 avril 1811.

Archevêques de Tarentaise[1].

IXe SIÈCLE

Vers 878. Teutrand, Alluso ou Aleso. ... Daniel.

Xe SIÈCLE

Vers 900. Annuzo I, Pandulphus, Adalbertus.

XIe SIÈCLE

Vers 999. Aymon I; il aurait été encore évêque en 1044.
Vers 1077. Annuzo II.
1082 Héraclius.

XIIe SIÈCLE

Vers 1096. Boson; vers 1131, S. Pierre I, mort vers 1132; Isdraël, intrus, 1133.
Vers 1138. S. Pierre II, mort en 1175.
1178 Aymon II de Briançon, investi du temporel de son archevêché par une bulle de l'empereur Frédéric I, du 6 des ides de mai 1186; mort en 1211.

(1) D'après Besson.

XIIIe SIÈCLE

Vers 1212. Bernard de Chainio ou de Chignin, mort le 21 septembre 1222.

1223 Jean II.

1224 Herluin, mort au commencement de juin 1248.

1249 Rodolphe I Grossi, évêque d'Aoste, mort en janvier 1271.

1271 S. Pierre III Grossi, mort en août 1283.

1283 Aymon III de Bruisson, mort après mars 1297.

XIVe SIÈCLE

1297 Bertrand de Bertrand, mort le 9 mai 1334.

1334 Jacques de Salins, mort après le 31 mars 1341.

1341 Bernard ou Bertrand de Novodomno, nommé administrateur par le pape le 2 octobre 1341.

1343 Jean III de Bertrand, évêque de Lausanne, mort dans le carême de 1365.

Vers Pâques 1365, Jean IV du Beton, mort le 30 novembre 1378.

1378, 21 décembre. Humbert de Vilette, mort vers 1381.

1381, 5 avril. Rodolphe II de Chissé, assassiné avant le 27 décembre 1385.

1386, 23 mars. Edouard de Savoie, évêque de Sion, mort en 1395.

1395 Pierre IV de Colomb, mort avant le 25 novembre 1396.

1397 Aymon IV Secalci, ou Séchal, mort après le 5 mai 1404.

XVe SIÈCLE

1404, 3 août. Antoine de Chalant, mort vers 1418.

1419 Jean V de Bertrand, évêque de Genève, mort vers 1434.

1434 Marc de Gondolmerius, vénitien.

1438, 2 mai. Jean VI de Arciis, mort en décembre 1454.

Vacance. 15 décembre 1457, Jean-Louis de Savoie; André, évêque d'Ebron, gouvernant à cause du jeune âge de l'archevêque, qui était en outre évêque de Genève, etc.

.... Thomas de Sur, mort en 1472.

1473, décembre. Christophe de la Rovere, mort le 1er février 1478.

1478 Dominique de la Rovere, frère du précédent, parent de Sixte IV, transféré à l'évêché de Turin en 1483.

1483, 28 mai. Urbain de Vilette, abbé de Tamié, déjà élu par les chanoines de Moûtiers en 1478, mais ayant dû céder sa place au neveu du pape après avoir, sans un meilleur résultat, été élu évêque de Genève en 1482 ; mort avant le 16 mars 1484.

1484 Jean VII de Compeys, évêque de Turin, puis de Genève, mort le 28 juin 1492.

1492 Corin de Piosasca, mort en avril 1497.

XVIe SIÈCLE

1497, 7 avril. Claude de Châteauvieux, mort le 23 septembre 1516.

1516, mai. Jean-Philippe de Grolée, mort le 21 décembre 1559.

1560, juin. Jérôme de Valperga, mort le 6 juillet 1573.

1573, septembre. Joseph de Parpaille, mort le 26 juillet 1598.

XVIIe SIÈCLE

1598, 8 novembre. Jean-François Berliet, baron du Bourget, président à la Chambre des comptes, veuf ; mort le 2 janvier 1607.

1608, octobre. Anastase Germonius, mort le 4 août 1627, à Madrid.

Vacance. 1632, Benoit-Théophile de Chevron, prieur de Talloires, mort le 16 juin 1658.

1658, août. François-Amédée Millet de Challes,

premier président de la Chambre des comptes, mort le 25 mai 1703.

XVIIIe SIÈCLE

Vacance pendant 24 ans.

1727, octobre. François-Amédée Millet d'Arvillars, évêque d'Aoste, mort le 28 août 1744.

1749, Claude Humbert de Rolland, mort le 27 novembre 1770.

1772, 1er février, Gaspard-Augustin de Saint-Agnès.

1785, 14 avril, Joseph Montfalcon du Cengle, mort le 21 septembre 1793.

Evêques de Maurienne[1].

IX° SIÈCLE

813 Felmase III. 825, Mainard. 853, Joseph. 859, 870, Abbo. 875, 882, Adalbert I. 887, Asmonde. 898, Guillaume I.

X° SIÈCLE

907 Benoit.

915 Odilard, tué à Embrun. Vers 950, Hipponius. 980, Emaldus. 994, Eberard.

XI° SIÈCLE

Vers 1010, Urard ou Everard, mort vers 1037. 1038, suppression de l'évêché uni à celui de Turin par bulle de l'empereur Conrad de mars 1038. (Angley pense que cette bulle n'a pas été exécutée, parce que, en 1038 et après, Thibaut est resté évêque. Besson échappe à cette difficulté en plaçant Thibaut vers l'an 1000.) L'évêché est rétabli après

(1) D'après Besson et Angley.

1045. Vers 1037 à 1056, Théobald ou Thibaut. Vers 1061, Broccard ou Burcard. Vers 1075, Artald. Vers 1080, Œnold ou Arnold ou Eberard. 1088, Conon I, mort après 1107.

XIIe SIÈCLE

Vers 1108, Berard. Vers 1115, Jean I. Avant 1119, Amédée I de Faucigny (placé sans preuves suffisantes en 1112 par Angley.) Vers 1224, Ayrald I. Avant mai 1127, Conon II. Vers ce temps peut-être, un évêque nommé Fremasius. Vers 1132, Saint Airald II. Avant avril 1134, Ayrald III (très probablement le même que le précédent). Après 1145, Bernard I, mort en avril 1158. Après 1153, Hugues ou Gui, chartreux (Angley nie son existence). Vers 1158, Ayrald III. Avant 1161, Guillaume II.

Après 1167, Pierre I ; résigna son évêché. On l'a placé parfois après Ayrald III.

Vers 1177, Lambert de Allavardo, mort vers 1198.

XIIIe SIÈCLE

Avant 1200, Bernard II de Chignin ; transféré à l'archevêché de Tarentaise en 1213. 1208, Antelme I (supprimé par Angley).

Avant 1214, Amédée II de Miribel. Après juillet 1220, Pierre II de Arenis.

Vers 1232, Aymard ou Aymon ; nommé à l'archevêché d'Embrun en 1235.

4 des calendes d'avril 1235, Amédée III de Savoie, mort vers 1258. (Angley place ici un Amédée IV de Miribel, 1250, 1255.)

Avant mai 1258, Pierre III de Morestel, mort en 1261.

1262, Anselme ou Antelme II de Clermont, mort le 23 février 1269.

1269, Pierre IV de Buelis ou de Guelis ou Guelesa, mort le 16 janvier 1273.

Vers 1275, Aymon I de Miolans, mort le 26 octobre 1300.

XIVe SIÈCLE

Vers 1301, Amblard d'Entremont, mort le 24 avril 1308.

1308, Aymon II de Miolans ; vers 1330 il est obligé de se retirer à l'abbaye de Novalaise. (Angley passe ce fait sous silence et place la mort de cet évêque au 26 décembre 1334.)

Avant 1335, Antelme III de Clermont, neveu du précédent, mort en 1349.

2 avril 1349, Amédée IV, de Savoie Achaïe, mort le 6 juin 1376.

1369 Amédée V de Montmayeur (supprimé par Angley).

Avant 1370, en 1376 suivant Angley, Jean II de Malabaila, évêque d'Asti, mort après janvier 1380.

Avant 1383, Henry de Severy, transféré en 1365 au siège de Rhodez. 1384, Savin de Floran, évêque de Toul, mort le 28 septembre 1410 (Savin avait été nommé par Urbain IV, tandis qu'Henry de Severy l'avait été par Clément VII, Robert de Genève).

XVe SIÈCLE

13 octobre 1410, Amédée VI ou Aymon, de Montmayeur, mort le 8 octobre 1422. Ici, deux anti-évêques : Henri, puis Collombaz de Dhumbaz.

1422, novembre, Aymon III de Gerbais, mort en mai 1432.

27 mai 1432, Urbain de Gerbais, frère du précédent. Son élection ne fut pas confirmée par le pape.

27 octobre 1433 ou 1434, Oger Morisetti, évêque d'Aoste, mort le 11 janvier 1440 ou 1441 (1).

25 février 1441, Louis I de la Palud, cardinal de Sainte-Anastasie, mort en septembre 1451 ; il avait été nommé par Félix V. Eugène IV nomma Nicolas de Cambello.

(1) Voir Evêché d'Aoste, année 1441.

Octobre 1451, Jean III de Ségovie, cardinal de Saint-Calixte ; il avait été remplacé dans sa qualité d'évêque par le suivant, tout en restant administrateur du diocèse (Besson, p. 301 ; Mgr Billiet, p. 272 ; Angley, p. 244-246), mort à Aiton vers 1458.

26 janvier 1452, Guillaume III d'Estouteville, cardinal de Saint-Martin, archevêque de Rouen, mort après le 14 février 1483 ; ne fut qu'évêque commendataire de Maurienne.

Juin 1483, Etienne de Morelli, mort le 24 juillet 1499.

XVIe SIÈCLE

5 août 1499, Louis II de Gorrevod, premier évêque de Bourg en 1515, tout en restant évêque de Maurienne, cardinal en 1530, mort en 1535.

Vacance du siège pendant 6 ans.

Mai 1541, Jean Philibert de Challes, second et dernier évêque de Bourg, mort vers 1544.

20 juillet 1544, Election de François de Luxembourg par le chapitre, repoussée par François I et non confirmée par le pape.

1551 Jérôme Ricevalli, cardinal de Saint-Georges, mort en octobre 1559.

27 mars 1560. Brandolesius ou Grandolesius de Trottis, mort en 1563, en venant prendre possession de son évêché.

Vers 1563, Hippolyte d'Este, cardinal, administrateur de l'évêché de Maurienne, de ceux de Milan, Lyon, Auch, Autun, etc. ; mort en décembre 1572, après avoir, le 21 novembre 1567, résigné l'évêché de Maurienne en faveur du suivant.

Novembre 1567, Pierre de Lambert, mort le 6 mai 1591.

1591 Philibert Millet, neveu du précédent et son coadjuteur en vertu de bulles d'avril 1590 ; nommé archevêque de Turin en 1618, mort en 1625.

XVIIe SIÈCLE

1619 Charles Bobbaz, mort le 10 février 1636.

Vers 1640, Paul Millet de Faverges, mort le 31 octobre 1656.

Mai 1658, Hercule Berzetti, mort le 4 mars 1686.

XVIIIe SIÈCLE

1687 François-Hyacinthe de Masin, mort le 7 septembre 1736.

Mars 1741. Ignace-Dominique Grisella de Rosignan, mort le 22 septembre 1756.

27 mai 1757. Charles-Joseph Filippa de Martiniana, cardinal en juin 1778, transféré au siége de Verceil en juillet 1779.

Mars 1780, Charles-Joseph Compans de Brichanteau, quitta son diocèse le 24 septembre 1792.

Evêques d'Aoste [1].

—

Xe SIÈCLE

Avant 923, Anselme I ; vers 960, Gison.
966, Luitifred ; 980, 1008, Boson I.

XIe SIÈCLE

1017, Anselme II. 1027, Burchard ; voulut s'emparer de force de l'archevêché de Lyon, à la mort de son oncle Burchard ; mourut en exil.
1033 ou 1034, Guigues, mort en 1039.
Vers 1039, Augustin Tripho, mort en 1058.
.... Arrumptius ; vers 1087, Nicolas I.
1094 Boson II.

XIIe SIÈCLE

Vers 1100, Herbert, mort le 20 octobre 1125.
Vers 1126, Humbert I ; vers 1140, Arnulphe.
Vers 1160, Guillaume de Sala de Chevrier la Pallud ; avant 1176, Aymon I du Quart.
Avant 1186, Vualpert I ; 1189, Germain.
Avant 1191, Vualpert II.

(1) D'après Besson.

XIIIe SIÈCLE

Avant 1216, Jacques I de Portia.

En 1219, Boniface I de Valpergue, mort en 1243.

Vers 1243, Rodolphe, transféré à l'archevêché de Tarentaise en 1249.

1249 Pierre II de Bossa, mort en 1259.

1259 Pierre III du Palais de Thora, mort en 1263.

Vers 1263, Aymon II de Chalant, devint évêque de Verceil.

Avant 1267, Humbert II de Villette.

1278 Simon, dit le Bon.

Vers 1281, Nicolas II de Bersatoribus.

XIVe SIÈCLE

1302 Emeric I du Quart, mort après 1308; eut peut-être pour successeur son frère Pierre du Quart.

Vers 1309, Ardutius, mort en 1326.

Septembre 1327, Nicolas III de Bersatoribus, mort en 1361.

9 mars 1362, Emeric II du Quart, mort le 24 juillet 1372.

Vers 1372, Boniface II de Chalant.

Août 1376, Boniface III de Montjouvet.

Mai 1377, Jacques II de Ferrandini, mort en 1399.

XVe SIÈCLE

Janvier 1400, Pierre IV de Sonnaz, mort en 1410.

Janvier 1411, Oger Morisetti de Conflans, transféré à l'évêché de Maurienne en 1434.

1434 Georges, des marquis de Saluces, permuta en 1439 avec Jean de Prangin, évêque de Lausanne.

1439 Jean de Prangin, transféré à Nice en 1444.

Novembre 1444, Antoine de Prat, mort en 1463.

Vers 1463, François de Prat, mort en 1511.

XVIe SIÈCLE

1511 Hercule de Ponzonne d'Azzelii, mort en 1515.

1515 Amédée Berrutis, mort en 1525.

1528 Rodin, qui se démit avant d'avoir été sacré.

23 janvier 1528, Pierre V, Garinus ou Gasin, mort en 1556.

7 juin 1557, Marc-Antoine Bobbaz, cardinal, résigna son évêché en 1568.

30 avril 1568, Jérôme Ferragata, mort en 1572.

19 novembre 1572, César Gromis, mort en 1585.

Décembre 1586, Jean Gotofred de Ginod, mort le 27 février 1592.

Août 1594, Honorat Lascaris, mort le 11 juillet 1595.

Avril. 1595, Barthélemi Ferrero, mort le 4 août 1607.

XVIIe SIÈCLE

Janvier 1611, Louis Martini, mort le 19 décembre 1621.

1623 Jacques III Vercellin, mort le 18 mars 1651.

1657 Philibert Millet, transféré à Ivrée en 1658.

1659 Philibert-Albert Bally, mort en 1691.

1691 Alexandre Lambert de Soirié, transféré à Ivrée en 1698.

Février 1699, François-Amédée Millet d'Arvillard, transféré à Moûtiers en 1727.

XVIIIe SIÈCLE

Février 1728, Jacques II Rambert, de Chambéry, mort le 16 septembre 1728.

Octobre 1728, Jean Grillet, de Montmélian, mort le 14 septembre 1729.

Vacance de 12 années.

Avril 1741, Pierre-François de Sales, de Thorens, curé de Chilly, doyen de Rumilly.

Evêques de Belley[1].

IXe ET Xe SIÈCLES

Vers 844, Florentin II. 888, Audalbad. Vers 900 ou 927, Etienne II. Vers 915, Elisachar ou Abesachar. ... Isaac. Vers 932, Jérôme. ... Henri. .... Didier. ... Odon I.

XIe SIÈCLE

Vers 1032, Aymon. Avant 1071, Gaucerand. 1080, B... Vers 1090 et 1116, Ponce I.

XIIe SIÈCLE

Avant 1120, Amico. 1120, Guillaume I. Vers 1121, Ponce II, chartreux, mort en 1140, après être retourné à son couvent.

Vers 1133, Berlion I. ... Nantellin. Son anniversaire à Abondance était au 27 juin. (Nécrol., col. 381.) Vers 1136, Bernard

(1) D'après Guichenon, *Histoire de Bresse et de Bugey*, et *Gallia Christiana*, t. XV.

de Portes, mort le 14 décembre 1151, après avoir résigné ses fonctions pour redevenir chartreux.

1142 Guillaume II. (Guillaume I, suivant M. Hauréau, qui supprime Guillaume I.)

1162 Ponce III de Thoire.

1163 Saint Anthelme II de Chignin, chartreux, mort en 1176 ou 1178.

1178 Reynald, chartreux, mort le 30 novembre 1188.

1188 Arthaud de Sothonod, chartreux, se démet pour retourner à son couvent.

1190 Odon II.

XIIe SIÈCLE

Vers 1198, Bernard II, mort en 1207.

1208 Benoit de Langes; se démet avant 1212.

Vers 1212, Bernard III de Thoire, mort en 1232, avait résigné ses fonctions vers 1213, en faveur de son neveu.

1213 Boniface de Thoire.

.... Jean de Rotoire. .... Pierre de Saint-Cassin en Savoie.

1234 Boniface II de Savoie, chartreux, devient en 1240 évêque de Valence, tout en restant évêque élu de Belley jusqu'en 1243, époque où il fut nommé archevêque de Cantorbéry.

Vers 1243, Bernard IV. 1244, Pierre II. 1250, Bernard ou Thomas de Gramont.

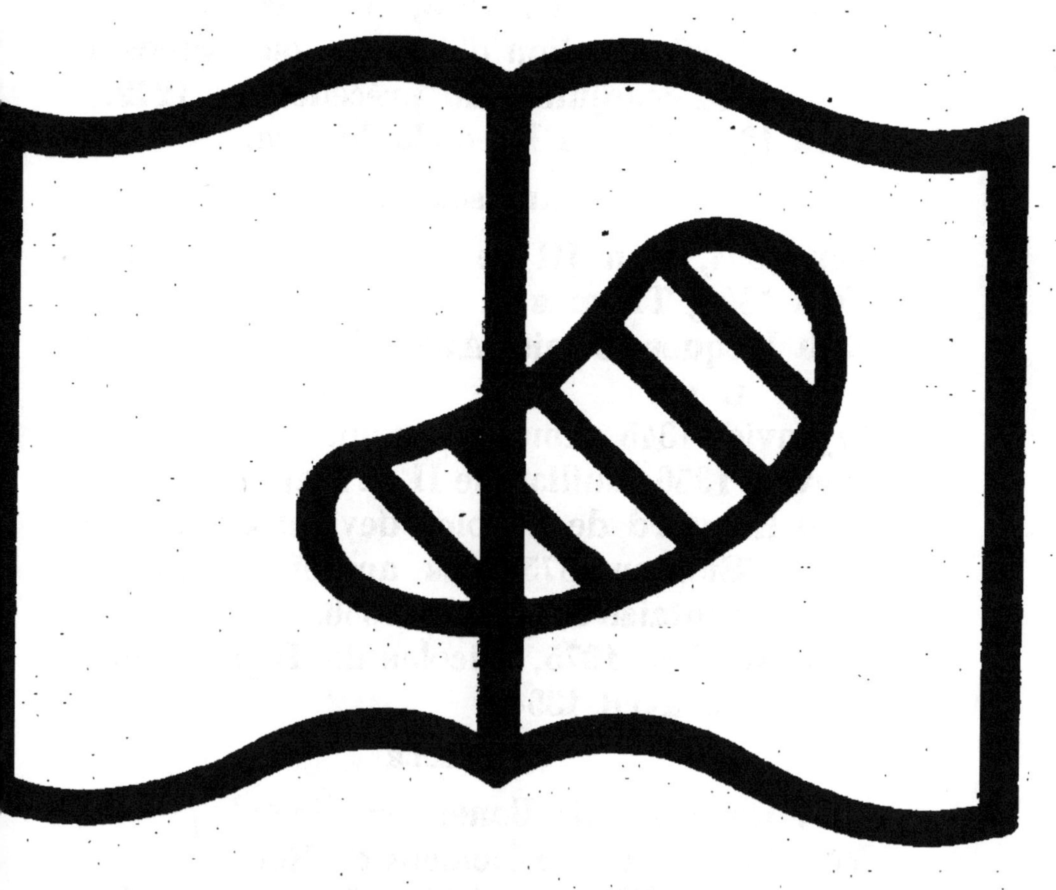

Avant 1268, Jean II. 1273, Bernard V. Vers 1280, Berlion d'Amesin ou Damesin, élu coadjuteur du précédent en 1272.

Vers 1285, Pierre III de la Baume.

XIVe SIÈCLE

Vers 1304, Jean III de la Baume (douteux).

Vers 1309, Thomas II.

1330 Jacques de Saint-André; résigne ses fonctions.

19 janvier 1345, Amé d'Amesin.

Janvier 1356, Guillaume II de Martel.

1370 Edouard de Savoie ; devient évêque de Sion en 1375, puis archevêque de Tarentaise le 23 mars 1386.

24 novembre 1375, Nicolas de Bignin, mort en avril 1394.

XVe SIÈCLE

1394 Rodolphe de Bonet.

Vers 1413, Antoine Clément de Roges.

Vers 143[illegible]ume Didier III, devient évêque [illegible]ceil en 1437.

Vers 143[illegible]ric Segaud.

1440 Per[illegible] la Baume devient abbé [illegible]ombe en remplacement de [illegible]e de Bolomier.

8 avr[illegible] Pierre de Bolomier, mort en 1461.

1461 [illegible]ume de Varax, ensuite évêque de Lausanne le 18 avril 1462.

1462 Jean de Varax.

XVIe SIÈCLE

1507 Claude d'Estavayé, abbé d'Hautecombe.

Après 1521, Philippe de la Chambre, dit le cardinal de Boulogne, abdique le 14 mai 1538 ; mort en 1550.

1552 Antoine de la Chambre, neveu du précédent.

1576 Jean-Geofroi de Ginot, mort en avril 1604.

XVIIe SIÈCLE

1608 Jean-Pierre Camus, résigne l'évêché en 1629.

1629 Jean de Passelaigue, mort le 12 août 1663.

1664 Jean-Albert Belin, mort le 29 avril 1677.

1680 Pierre du Laurens, mort en janvier 1705.

XVIIIe SIÈCLE

11 avril 1705, François Madot, 28 décembre 1711, nommé évêque de Châlons.

1712 Jean Dubousset, mort le 4 février 1745.

17 juillet 1745, Jean - Ant[illegible] Tinseau ; 4 avril 1751, nommé [illegible]e Nevers.

17 juillet 1751, Gabriel Cour[illegible] Quincey, mort le 14 janvier 17[illegible].

Evêques de Sion [1].

IXe ET Xe SIÈCLES

983-985, Amizo.
998, Hugues, mort le 14 octobre 1017.

XIe SIÈCLE

Eberhard ? fils de Rodolphe III, roi de Bourgogne.
1037, Aymon I de Savoie, mort le 13 juillet 1054.
1055, Ermanfroid, mort le 10 décembre 1082.
...., Gausbert, mort avant 1092.

XIIe SIÈCLE

1107, Villencus ou Gillengus, mort le 6 octobre 1116.
...., Boson I, mort un 30 janvier avant 1138.
1138, Guérin, mort le 27 août, vers 1150.
1150, Louis de Granges ?, mort le 13 mai 1160.
1163, Amédée de la Tour, mort le 28 décembre 1168.

(1) D'après l'abbé Gremaud. *Mém. de la Société d'hist. de la Suisse romande*, t. XXXIII.

1179, Conon, mort le 22 juin 1181.
1184, Guillaume I d'Ecublens, mort vers le 9 juillet 1196.
1196, Antelme d'Ecublens, mort le 12 mai 1203.

XIII° SIÈCLE

1203, Guillaume II de Saillon, mort le 3 juillet 1205.
1206, Landri de Mont, mort le 10 avril 1237.
1237, Boson II de Granges, mort le 2 juillet 1243.
1243, Henri I de Rarogne, mort du 20 avril au 18 juin 1271.
1271, Rodolphe de Valpelline, mort le 24 mai 1273.
1273, Henri II de Rarogne, mort le 14 octobre 1274, sans avoir été sacré.
1274, Pierre d'Oron, mort le 18 février 1287.
1290, Boniface de Challant, mort le 18 juin 1308.

XIV° SIÈCLE

1308, Aymon II de Châtillon d'Aoste, mort le 16 juillet 1323.
1323, vers le 17 novembre, Aymon III de la Tour, mort le 24 avril 1338.
1338, 8 juin, Philippe I de Chamberlhac, transféré à Nice en novembre 1342.
1342, Guichard Tavelli, mort le 8 août 1375.

1375, Edouard de Savoie, évêque de Belley, archevêque de Tarentaise en mars 1386.

1386, Guillaume III de la Beaume, mort à la fin de 1386.

1387, 6 janvier, Robert Camerarius. Clément VII refusa de ratifier sa nomination, et nomma lui-même, le 7 février 1388, *Humbert de Billens*, mort le 24 novembre 1392.

1392, Henri III de Blanches de Vellate, résigna son évêché le 16 juillet 1393, en faveur de

1393, Guillaume IV de Rarogne, déjà nommé à Rome en 1389, mort peu après le 27 mai 1402.

XVe SIÈCLE

1402, Guillaume V de Rarogne, nommé par le pape Boniface IX, ne fut pas sacré. Le Concile de Constance élit administrateur *André de Gualdo* nommé évêque par Eugène IV le 20 avril 1431, mort le 17 avril 1437.

24 avril 1437, Guillaume VI de Rarogne, mort le 11 janvier 1451.

1451, Guillaume VII Huhn, nommé administrateur par Nicolas V.

22 janvier 1451, Henri IV Esperlin de Rarogne, mort le 15 décembre 1457.

20 décembre 1457, Walter II Supersax, mort le 7 juillet 1482.

Juillet 1482, Josse de Silenen, qui était évêque de Grenoble, mort exilé en 1497.

27 août 1496, Nicolas Schiner, résigne en septembre 1499, en faveur de son neveu.

XVIe SIÈCLE

Octobre 1499, Mathieu Schiner, mort le 30 septembre 1522.

20 octobre 1522, Philippe II de Platea (deux évêques nommés par le pape et non reconnus en Valais : Jean Picolomini et P.-Emile Cesio, cardinaux), mort le 22 avril 1538.

8 septembre 1529, Adrien I de Riedmatten, mort le 17 mars 1548.

22 mars 1548, Jean Jordan, mort le 12 juin 1565.

22 juin 1565, Hildebrand de Riedmatten, mort le 14 décembre 1604.

XVIIe SIÈCLE

17 décembre 1604, Adrien II de Riedmatten, mort le 7 octobre 1613.

18 octobre 1613, Hildebrand II Jost, mort le 28 mai 1638.

6 juin 1638, Barthélemi Supersax, mort le 16 juillet 1640, sans avoir été sacré.

30 août 1640, Adrien III de Riedmatten, mort le 19 septembre 1646.

1 octobre 1646, Adrien IV de Riedmatten, mort le 13 août 1672.

25 août 1672, Adrien V de Riedmatten, mort le 20 mai 1701.

XVIIIe SIÈCLE

2 juin 1701, François-Joseph Supersax, mort le 1 mai 1734.

18 mai 1734, Jean-Joseph Blatter, mort le 19 janvier 1752.

31 août 1752, Jean Hildebrand Roten, mort le 19 septembre 1760.

18 décembre 1760, François-Frédéric Ambuel, mort le 11 avril 1780.

26 mai 1780, François Melchior Zen Ruffinen, mort le 14 juin 1790.

3 août 1790, Joseph-Antoine Blatter, mort le 19 mars 1807.

Evêques de Lausanne [1]

—

IXe et Xe SIÈCLES

892 Boson, mort vers 922. 927, Libon.
932 Béro. 947, Magnerius, mort en 968.
968 Eginolfe, fils du comte de Kibourg, mort en 985.
985 Henri Ier, mort en 1019.

XIe SIÈCLE

1019 Hugues, fils du roi Rodolphe III, il mourut le 31 août 1036.
1036 Henri II, mort le 16 janvier, vers 1057.
1057 Burcard d'Ottingen, tué au siège de Gleichen en Saxe le 24 décembre 1089.
Vers 1090 Lambert de Grandson, mort vers 1092.
1092 Conon, comte de Fenis, mort de 1103 à 1107.
1107 Gérold, fils de Guillaume le Sage, de Faucigny, mort vers 1128.

(1) D'après M. Forel, *Mémoire de la Société d'histoire de la Suisse romande*, t. XIX, et *Gallia Christiana*, t. XV.

XII° SIÈCLE

1129 Gui de Merlen ou de *Marlanie*, mort après février 1144.

1144 Amédée, de Clermont-Hauterive, abbé de Hautecombe, mort en 1159.

1159 Landri de Durnac, sacré en février 1160, résigna en 1177 ou 1178.

1178 Roger de Pise, résigna son évêché le 8 janvier 1212.

XIII° SIÈCLE

13 janvier 1212, Berthold de Neuchâtel, mort le 13 juillet 1220.

24 juillet 1220, Girard de Rougemont, élu le 26 mars 1221 archevêque de Besançon.

16 avril 1221, Guillaume d'Ecublens, mort le 23 mars 1229.

6 avril 1229, Pierre de Savoie, prévôt d'Aoste et de Lausanne, est élu administrateur de l'évêché de Lausanne (1).

1230 ou 1231, Boniface, nommé par le pape Grégoire IX, résigna vers juillet 1239 à Anagni.

Vers la fin de mars 1240, élection par le chapitre, de Philippe de Savoie, primicier de Metz.

12 avril 1240, Jean de Cossonay, élu à Autrey. Lutte armée entre les partisans des

(1) Il s'agit ici de Pierre II qui devint comte de Savoie à la mort de son neveu Boniface. M. Hauréau *(Gallia Christiana)* au lieu de Pierre II, indique son frère Thomas II.

deux élus. Paix le 10 juillet 1240 en faveur de Jean de Cossonay qui fut sacré en 1244 seulement ; mort le 13 juin 1273.

21 juillet 1273, Guillaume de Champvent, mort le 21 mars 1302.

XIVe SIÈCLE

1302 Girard de Vuippens, nommé évêque de Bâle le 23 janvier 1310.

Février 1310, Othon de Champvent, mort le 19 avril 1312.

3 novembre au 16 décembre 1313, Pierre, d'Oron, mort le 27 mars 1323.

1324 Jean de Rossillon; mort le 15 février 1341.

1341 Jean de Bertrand, nommé archevêque de Tarentaise le 3 décembre 1342.

1343 Godefroy de Lucinges, mort vers la fin de 1346.

1347 François de Montfaucon ; mort en septembre 1354.

Avant le 19 janvier 1356, Aymon de Cossonay ; mort au commencement de 1375.

10 avril 1375, Guy de Prangins ; mort le 11 juin 1394.

Avant septembre 1394, Guillaume de Menthonay ; 8 juillet 1406, tué d'un coup d'épée par son barbier.

10 octobre 1406, Guillaume de Challant ; mort en mars 1431.

.... Louis de la Palud, nommé par le concile de Bâle, fut repoussé par le Chapitre.

2 mars 1434, Jean de Prangins ; transféré à Aoste en 1437.

.... Antoine de Pré, nommé par le Chapitre ; son élection ne fut pas validée.

1439 Georges de Saluces, évêque d'Aoste, qui avait permuté avec Jean de Prangins ; mort le 5 novembre 1461.

18 avril 1462, Guillaume de Varax, évêque de Belley ; mort en 1466.

1466 Jean de Michaëlis, ne put prendre possession de son siège, que le duc de Savoie Amédée IX voulait pour son frère, François de Savoie ; mourut le 28 décembre 1468.

1478 Barthélemy, évêque de Nicée (ou de Nice), est nommé administrateur du diocèse.

1472 Julien de Médicis, transféré à Coutances (Normandie) le 15 juin 1476.

23 juillet 1476, Benoit de Montferrand ; mort le 8 mai 1391.

XVIe SIÈCLE

Juin ou juillet 1491, Aymon de Montfalcon ; mort le 10 août 1517.

18 août 1517, Sébastien de Montfalcon, neveu et coadjuteur du précédent, s'enfuit en 1536, lorsque les Bernois occupèrent Lausanne et qu'une grande partie du diocèse passa à la Réforme ; mourut en 1560.

1560 Claude-Louis Allardet ; ne put pas prendre possession de son siège.

1561 ou 1562, Antoine de Gorrevod ; mort le 24 février 1598.

XVIIe SIÈCLE

10 avril 1600, Jean Doroz ; mort le 24 août 1607.

21 novembre 1607, Jean de Watteville ; mort en 1649.

Juin 1652, Jodoc Knab ; mort le 4 octobre 1658.

26 juin 1662, Jean-Baptiste de Strambino ; mort le 28 juin 1684.

20 décembre 1688, Pierre de Montenach ; mort le 16 juillet 1707.

XVIIIe SIÈCLE

1er août 1707, Jacques Duding ; mort le 20 novembre 1716.

23 décembre 1716, Claude-Antoine Duding; mort en 1744 ou le 16 juin 1745.

9 mars 1746, Joseph-Hubert de Boccard; mort le 29 août 1758.

22 novembre 1758, Joseph-Nicolas de Montenach; mort le 5 mai 1782.

2 novembre 1782, Bernard-Emmanuel de Lenzburg; mort le 14 septembre 1795.

Archevêques de Vienne (1).

X° SIÈCLE

908 S. Alexandre. 952, Sobon, des comtes de Lyon.
995 S. Thibaud de Champagne.

XI° SIÈCLE

1026 S. Burchard. 1037, S. Léger.

XII° SIÈCLE

1112 Guy de Bourgogne. 1123, Pierre.
1139 Estienne de Bar.
1146 Humbert. 1157, Hugues. 1157, Estienne II.
1166 Guillaume de Clermont. 1179, Robert.

XIII° SIÈCLE

1209 Aynard de Moirans. 1214, Humbert II.
.... Guifrey. 1231, Burnon de Voiron.
1239 Jean de Brognac. 1265, Guy d'Auvergne.
1278 Guillaume de Valence.

(1) La liste de ces archevêques et celles des archevêques d'Embrun, des évêques de Valence, de Die, de Valence et Die, sont tirées du *Dictionnaire du Dauphiné*, de Guy Allard, édité par H. Gariel.

XIVe SIÈCLE

1308 Brilland de la Vieu. 1320, Simon d'Archiac.

1328 Guillaume III. 1351, Bertrand de la Chapelle.

1355 Pierre de Saluces. 1365, Humbert de Montchenu.

1379 Thibaut de Rougemont.

XVe SIÈCLE

1437 Jean de Nantou. 1423, Jean de Norry.

1417 Guillaume de Loudun. 1440, Geofroi de Vassalieu.

1447 Jean de Poitiers. 1472, Antoine de Poisieu.

1480 Guy de Poisieu. 1482, Astorge Aymery.

1494 Ange Caton. 1498, Antoine de Clermont.

XVIe SIÈCLE

1508 Frédéric de Saint-Séverin.

.... Alex. de Saint-Séverin.

1528 Pierre de Palmier. 1555, Charles de Marillac.

1561 Jean de la Brosse. 1569, Vespasian de Gribaldi.

1586 Pierre de Villars. 1590, Pierre de Villars.

XVIIe SIÈCLE

1600 Jérôme de Villars. 1626, Pierre de Villars.

1662 Henri de Villars.

1694 Armand de Montmorin de Saint-Hérem.
1714 François de Berton de Crillon.
1721 Henri Oswald de la Tour d'Auvergne.
1745 Christophe de Beaumont du Repaire.
1746 Jean d'Ise de Saléon.
1751 Guillaume d'Hugues.
1774 Jean-Georges le-Franc de Pompignan.
1789 Charles-François d'Aviau du Bois-de-Sanzey.

L'archevêché de Vienne est supprimé le 8 juillet 1790.

Les indications de Guy Allard diffèrent assez de celles de *Gallia Christiana*, tome XVI. Nous avons suivi celles-ci à partir de 1600.

Archevêques d'Embrun [1].

Xe SIÈCLE

912 Théodulphe. 916, S. Benoit. ... S. Libéral.

943 Boson. 987, Ponce. ... S. Ismidon.

XIe SIÈCLE

1027 Radon. 1040, Ismidon II. ... Guinevinarius.

1054 Hugues. ... Reymond Vivien. 1057, Namannus.

1066 Guillaume de Champsaur. ... Guiramannus.

1077 Pierre. 1080, Lantelme.

XIIe SIÈCLE

1105 Benoit II, 1120 Guillaume II de Bénévent.

1135 Guillaume III de Champsaur. 1169, Bermond II.

(1) Voir aussi *Gallia Christiana*, t. III.

1179 Pierre. ... Guillaume IV. ... Pierre de Poitiers.

XIIIe SIÈCLE

1205 Bertrand. 1208, Reymond III. 1214, S. Bernard Chabert.

1238 Aimar. 1245, Humbert. 1271, Henri de Barthélemy.

.... Melchiol. ... Guillaume V de Briançon.

.... 1276, Jacques Serène. 1288, Guillaume VI.

.... Reymond de Meuillon.

XIVe SIÈCLE

1303 Jean. 1314, Guillaume de Mandagot.

1318 Jean de Gascogne. 1319, Reymond de Robaud.

1323 Bertrand de Deux. ... Le cardinal Pasteur d'Aubenas.

1355 Guillaume des Bardes. 1365, Bertrand. 1366, Bernard II.

1380 Pierre de Sarcenas. 1390, Michel d'Estienne.

XVe SIÈCLE

.... Amédée. 1427, Jacques Gelu. 1444, Jean Girard.

1448 Jean de Montgrand. 1494, Jean Bayle.

XVIe SIÈCLE

1510 Rostaing d'Ancezune. .... Le cardinal Julien de Médicis.

1511 Nicolas de Fiesque. 1517, le cardinal François de Tournon.

1524 Antoine de Lévy Ventadour.
1540 Balthazard Hercule de Gérente.
1554 Louis de Laval Bois Daupnin.
1554 Robert de Lenoncourt.
1561 Guillaume de St-Marcel d'Avançon.

XVIIe SIÈCLE

1600 Honoré de Laurens.
1612 Guillaume d'Hugues.
1649 Georges d'Aubusson.
1668 Charles Brulart de Genlis.

XVIIIe SIÈCLE

1715 François-Elie de Voyer d'Argousa.
1719 François-Gabriel de Hennin Lietard.

La liste de Guy Allard diffère aussi de celle de *Gallia Christiana*, tome III. Nous avons suivi celle-ci à partir de 1554.

Evêques de Die (Drôme).

X° SIÈCLE

943 Gisenode. 981, Isarne. .... Pétronne II.

XI° SIÈCLE

1025 Humbert. 1037, Cuno. 1037, Pierre .... Lancelin. 1046. Hugues.... Bernard. .... Ismidon de Bérenger.
1139 Ulric.
1145 Hugues II. 1164, Pierre II.
1177 Robert. 1193, Iarente.
1196 Humbert. .... Etienne de Chastillon.

XII° SIÈCLE

1209 Humbert III. 1214, Disdier de Forcalquier. .... Humbert IV. 1222, Humbert V. 1275, Amédée de Genève.

Evêques de Valence (Drôme).

Xe SIÈCLE

952 Odilbert. 992, Aimon.

XIe SIÈCLE

.... Guigues. 1027, Humbert de Graisivaudan.
1037 Ponce. 1060, Raynagaire.
1082 Gontard.

XIIe SIÈCLE

1112 Eustache. 1126, S. Jean.
1130 Jean II. 1148, Odilbert II.
1154 Bernard. 1157, Odon de Chaponay.
.... Lambert II. 1187, Falques.

XIIIe SIÈCLE

1230 Humbert de Miribel. 1234. Géronde.
1239 Guillaume de Savoie. } fils de Thomas Ier.
1240 Boniface de Savoie. }
1245 Philippe de Savoie. }
1267 Bertrand d'Aunin.
1275 Guy de Montlor.

Évêques de Valence et Die.

1275 Réunion des deux évêchés.
1275 Amédée de Roussillon.

XIVe SIÈCLE

1283 Jean de Genève.
1297 Guillaume de Roussillon.
1332 Aimar d'Anduze de la Voûte.
1336 Henri de Villars.
1342 Pierre de Chastelus.
1353 Jean de Joffrey.
1354 Louis de Villars.
1380 Cardinal d'Anduze.
1385 Amédée, cardinal de Saluces.
1388 Henri. 1390, Jean de Poitiers.

XVe SIÈCLE

1448 Louis de Poitiers.
1468 Gérard de Crussol.
1472, Jacques de Baternay.
1474 Antoine de Balsac.
1495 Jean de l'Espinay.

XVIe SIÈCLE

1503 Gaspard de Tournon. 1521, Cardinal Jean de Lorraine.

1531 Antoine de Vesc. 1537, Jacques de Tournon. 1554, Jean de Montluc.

1556 Charles Gelas de Léberon.

XVIIe SIÈCLE

1600 Pierre André de Gelas de Léberon.

1622 Charles Jacques de Gelas de Léberon, mort le 5 juin 1654.

24 juin 1654, Daniel de Cosnac, ne fit son entrée à Valence qu'en septembre 1657; archevêque d'Aix en 1693, bien que nommé par le roi en novembre 1687.

4 novembre 1687 et Bulles de 1693, Guillaume Bochard de Champigny, mort le 4 juin 1705.

XVIIIe SIÈCLE

15 août 1705, Jean de Catelan; mort en 1725.

31 mars 1726, Alexandre Milon, jusqu'en 1771.

26 avril 1772, Fiacre François de Grave, jusqu'en 1787.

5 octobre 1788, Gabriel Melchior de Messey.

Evêques de Grenoble. [1]

IXe SIÈCLE

23e Évêque. — 804, Odolardus. 825, Radoldus. 829, Sinpertus.

.... Ebroardus. 840, Adolulphus.

853 et 860, Hebbo.

863 et 890, Bernerius. 892 et vers 923, Isaac.

Xe SIÈCLE

944 Alcherius. 950 977, Isarnus. 990 et 1025, Humbertus.

XIe SIÈCLE

1030 Mallenus. 1036 et 1059, Artaldus. 1067 à 1076, Ponce I le boiteux.

1076 à 1079. Ponce II *paganus*.

1080 à 1132, S. Hugues I de Châteauneuf.

XIIe SIÈCLE

1132 à 1148 Hugues II. 1150, l'élection de l'évêque Noël, chartreux, est infirmée par le pape Eugène III. .... Othmar.

(1) D'après M. Jules Marion. (*Cartulaire de Saint-Hugon.*) Voir *Gallia Christiana*, t. XVI.

1151 à 1153, Geofreoi. 1164 à 1220, Jean I de Sassenage.

XIII° SIÈCLE

1220 Guillaume I. 1221, Pierre I, de *Seyssins*.

.... Pierre II de *Laigue*, élu seulement.

1223 à 1236, Soffredus (1).

1237 à 1249, Pierre III.

1250 à 1256, Falco. 1266 à 1300, Guillaume II de Sassenage.

XIV° SIÈCLE

1301 à 1337, Guillaume III de Roin.

1338, décembre 1350, Jean II de Chissé. 1351 à 1380, Rodolphe de Chissé.

6 février 1380 à 1387, François I de Conzié.

XV° SIÈCLE

1388 à 1427, Aimon I de Chissé. 1427 à septembre 1450, Aimon II de Chissé.

1450 à 29 janvier 1477 Sibond Alamandi.

1477 à 1479, Laurent I Alamandi.

1479 à 1484, Judoc de Sillinon.

1484 à 1518, Laurent I Alamandi (de *nouveau*).

1518 à 5 septembre 1561, Laurent II Alamandi.

(1) Son sceau pend aux premières franchises de Chambéry (1232).

XVIe SIÈCLE

30 octobre 1561 à 5 février 1575, François II de Saint-Marcel d'Avanson.

1575, 4 octobre 1606 François III du Fléhard.

XVIIe SIÈCLE.

28 octobre 1607 à mai 1619, Jean III de la Croix de Chevrières.

1613 à 1620, Alphonse de la Croix d'Ornacieu, coadjuteur du précédent.

27 mai 1621 à 8 février 1668, Pierre IV Scarron.

4 août 1671 à 12 septembre 1707, Etienne Le Camus, cardinal.

XVIIIe SIÈCLE.

6 mai 1708 à 28 octobre 1719, Ennemond Allemand de Montmartin.

2 janvier 1721 à 20 octobre 1725, Paul de Chaulnes.

14 avril 1726 à 27 septembre 1771, Jean IV de Caulet.

23 janvier 1772 à 9 janvier 1780, Jean V de Cairol de Madaillan, se démit de son évêché.

9 février 1780 à 6 octobre 1788, Marie-Anne-Hippolyte Hay de Bouteville.

Avril 1789, Henri-Charles du Lau d'Allemans, ...rt le 4 avril 1802.

Archevêques de Lyon. [1]

X° SIÈCLE

906 Austerius. ... Remi II.
926 Aucher. 928, Wido ou Guido.
... Bernard ? ... Sigisbert ? ... Rainaud ?
949 Burchard I. 956 ou 957, Amblard.
Vers 979, Burchard II ou Borcard, nommé étant encore tout petit enfant, mort de 1031 à 1040.

XI° SIÈCLE

Vers 1041, Odoric ou Udalric, ou Ulric.
Vers 1046, Halinard. Vers 1052, Philippe I.
Vers 1053, Geofroi. Vers 1070, Humbert I, abdiqua vers 1076.
Vers 1076, Jubin ou Geboin. Vers 1082, Hugo, évêque de Die.

XII° SIÈCLE

Vers 1118, Joccrand. Après 1115, Ubald.
1128 Rainald I. 1128, Pierre I.

(1) D'après *Gallia Christiana*, t. IV.

1139 Falco. 1144, Amédée I.
1148 Humbert II. 1153, Héraclius.
1164 Drago. 1164, Guichard, concurrent heureux de Drago.
Vers 1182, Jean II de Bellesmes ou aux Belles-Mains, abdiqua vers 1195.

XIIIe SIÈCLE

Vers 1193, Rainald II. 1227, Robert.
1234 Guido de la Tour. 1235, Radulfe.
1236 Aimeric, abdiqua en 1245.
1246 Philippe de Savoie, abdiqua en 1267 pour se marier.
1272 Pierre de Tarentaise, pape sous le nom d'Innocent V, en 1276.
1274 Aimard de Roussillon.
1283 Rodolphe de la Torrette.
1287 Pierre d'Aoust; mourut avant d'avoir reçu ses provisions de Rome.
1289 Bérald de Goth.
1296 Henri I de Villars.

XIVe SIÈCLE

1301 Louis de Villars. Pierre III de Savoie.
1333 Guillaume I de Sure. 1340, Gui de Boulogne ou d'Auvergne.
1342 Henri II de Villars.
1356 Raimond Saquet.
1358 Guillaume II de Turcy.
1365 Charles I d'Alençon.

1315 Jean III de Talaru.

De 1389 à 1395, Philippe II de Turcy.

XVe SIÈCLE

1415 Amédée II de Talaru.

1444 Gaufred Cassali.

1447 Charles II de Bourbon, âgé de onze ans.

1448 Hugues II de Talaru, forcé d'abdiquer en 1499.

1499 André d'Epinay.

XVIe SIÈCLE

1501 François I de Rohan.

1537 Jean V de Lorraine, administrateur de six autres évêchés, cardinal.

1539 Hippolyte d'Est, cardinal de Ferrare; l'archevêché lui est cédé par Jean de Lorraine.

1551 François de Tournon, cardinal d'Ostie, archevêque d'Auch, permute avec le précédent.

1562 Hippolyte d'Est reprend l'archevêché de Lyon après la mort de François de Tournon et permute bientôt avec le suivant.

1562 Antoine d'Albon, archevêque d'Arles, abdique.

1574 Pierre d'Espinac.

XVIIe SIÈCLE

1599 Albert de Bellièvre se démet en faveur de son frère.
1604 Claude de Bellièvre.
1612 Denis-Simon de Marquemont.
1626 Charles III Miron.
1628 Alphonse-LouisDuplessis de Richelieu.
1653 Camille de Neuville de Villeroy.
1693 Claude de S. Georges.

XVIIIe SIÈCLE

1714 François-Paul de Neuville de Villeroy.

TABLE DES MATIÈRES

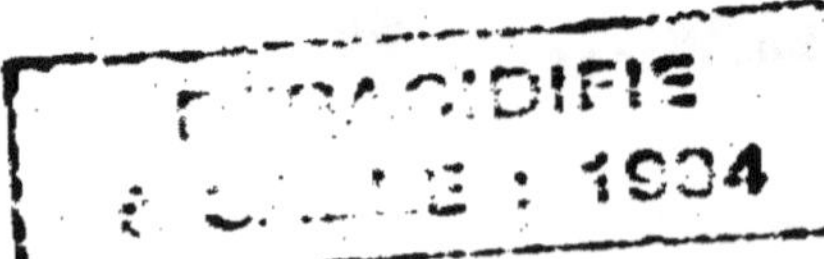

CHAMBÉRY
1881
IMP. C.-P. MÉNARD

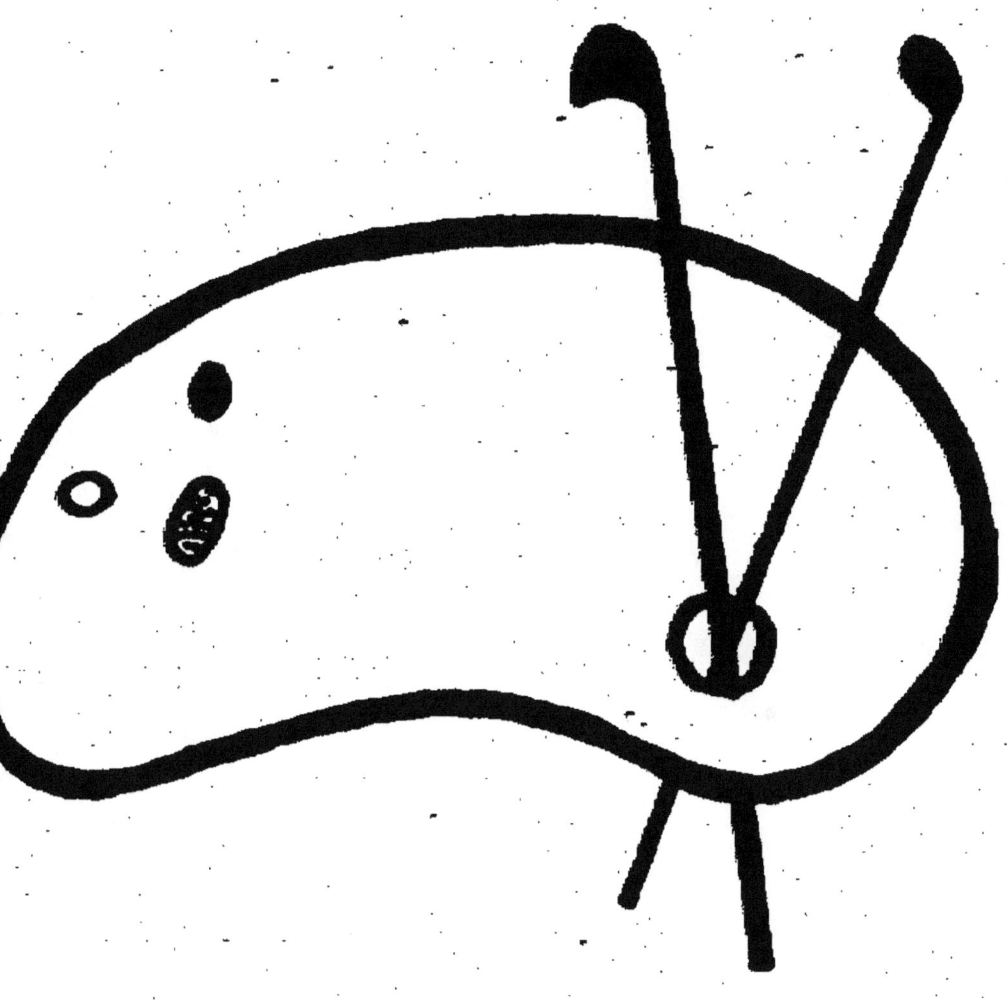

www.ingramcontent.com/pod-product-compliance
Lightning Source LLC
Chambersburg PA
CBHW051735090426
42738CB00010B/2270
* 9 7 8 2 0 1 2 6 4 1 8 4 6 *